新时代
营销
新理念

智慧营销

5G时代营销升级实战

渠成 —— 著

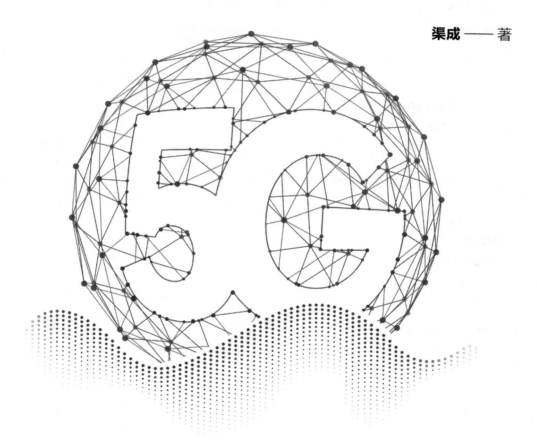

INTELLIGENT
MARKETING IN THE AGE
OF 5G

清华大学出版社
北 京

内 容 简 介

无论是初创企业，还是成熟企业，营销都是它们必须迈的一道坎。本书讲述了 5G 时代下的营销方法论，全面阐述了如何进行智慧营销，如何运用前沿技术对智慧营销进行赋能，如何将智慧营销落地等。

本书可以帮助企业进行更高效的宣传和推广，具有很强的实用性和可操作性。另外，本书还分析了大数据、物联网、人工智能、AR/VR、3D/4D 打印等技术对营销的帮助。

本书详细阐述了与智慧营销有关的理论、策略和方法，是一本不可多得的实战书，内容与观点走在了时代的前端。不仅适用于想要创业或正在发展中的公司企业家、管理者阅读，也可作为营销人员提升自身能力的必备工具之一。

图书在版编目(CIP)数据

智慧营销：5G 时代营销升级实战 / 渠成著 . —北京：清华大学出版社，2021.9
（新时代·营销新理念）
ISBN 978-7-302-57265-7

Ⅰ . ①智… Ⅱ . ①渠… Ⅲ . ①网络营销 Ⅳ . ① F713.365.2

中国版本图书馆 CIP 数据核字 (2021) 第 004980 号

责任编辑：刘　洋
封面设计：徐　超
版式设计：方加青
责任校对：宋玉莲
责任印制：丛怀宇

出版发行：清华大学出版社
　　　　　网　　　址：http://www.tup.com.cn，http://www.wqbook.com
　　　　　地　　　址：北京清华大学学研大厦 A 座　　　　邮　　编：100084
　　　　　社 总 机：010-62770175　　　　邮　　购：010-62786544
　　　　　投稿与读者服务：010-62776969，c-service@tup.tsinghua.edu.cn
　　　　　质 量 反 馈：010-62772015，zhiliang@tup.tsinghua.edu.cn
印 装 者：三河市国英印务有限公司
经　　销：全国新华书店
开　　本：170mm×240mm　　　印　　张：13.75　　　字　　数：206 千字
版　　次：2021 年 9 月第 1 版　　　印　　次：2021 年 9 月第 1 次印刷
定　　价：69.00 元

产品编号：087608-01

前 言
Preface

亚马逊创始人贝佐斯说："未来十年有什么不变的东西？如果你找到一个不变的东西，就把所有的精力和时间投入到这上面。"未来什么东西不会变？用户对高性价比的需求不会变，触动用户感情的那条线不会变，技术的升级和进步不会变。于是，智慧营销横空出世，并获得了良好发展。

如今，随着5G的逐渐落地和数字经济的转型升级，智慧营销也需要一种新的操作模式。在这种形势下，本书应运而生。本书的前提在于，智慧营销应该适应时代的发展，满足用户的路径变化。

本书的上篇讲述5G、大数据、物联网、人工智能等前沿技术对智慧营销的助力。首先，要了解5G对内容形式、推广场景、广告宣传的革新；其次，要学会用大数据连接用户，并利用"大数据+5G"优化智慧营销的效果；再次，物联网颠覆了现有的连接方式，其与5G结合在一起可以为企业提供更多营销策略；最后，人工智能实现了定向与情境式推广，让营销人员可以进行全渠道、智能化的战略布局。

数据是智慧营销的基础，没有数据就没有智慧营销，因此中篇的内容主要是对数据方面的介绍。中篇的叙述采用了流程式的逻辑顺序，即先从数据目标的介绍入手，接着介绍数据抓取、数据模型、数据决策等内容。通过本篇的介绍，读者可以充分了解利用数据做智慧营销的方法和技巧，同时还可以知道数据与5G将为智慧营销带来何种影响。

　　下篇是对智慧营销实战技巧的讲述，采用了平行式的逻辑。下篇从时代的角度出发，探讨如何进行不同类型的智慧营销。例如如何进行品牌式智慧营销、定制式智慧营销、SEM 智慧营销等。此外，本篇还引入了案例和干货，以便加速智慧营销在 5G 时代的落地。

　　基于笔者丰富的知识积累和多年的实践经验，本书提供了具有深度和广度的智慧营销升级方案。希望读者能从本书中获得有价值的启示和灵感，在未来可以重新定义智慧营销，并掌握 5G 和智慧营销结合的真谛。

　　对于营销人员、有营销需求的企业、想要优化营销效果的营销主管或经理、对 5G 和智慧营销感兴趣的人群以及营销相关专业的高校学生来说，本书是一本不可多得的实战秘籍，可以提升其市场竞争力，指引大家走向前景广阔的未来。

编　者

2021 年 4 月

目　录
C o n t e n t s

上篇：前沿技术助力智慧营销

中篇：数据先行，奠定基础

智慧营销

5G 时代营销升级实战

下篇：智慧营销实战技巧

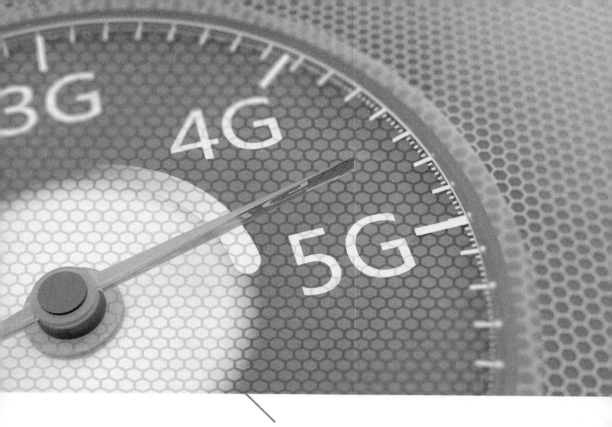

上　篇

前沿技术助力
智慧营销

第 1 章

5G：智慧营销革新动力

智慧营销以用户为中心，以商业增长为使命，依托技术，通过不同的广告形态实现个性化的营销体验。作为新时代的风口，5G将推动智慧营销的发展，使企业尽快实现智能化、自动化。在这一过程中，大数据、物联网、云计算、人工智能等技术将扮演重要的角色。在技术支持和企业团队的努力下，5G将改变营销内容的呈现形式和推广场景。

1.1　5G革新内容形式

随着生活节奏的不断加快，用户希望用碎片化的时间去处理一些事情，其中就包括消费。在这种情况下，营销内容就逐渐成为碎片化的消费路径，例如有些用户可能仅仅看了一个视频、一张图片、一篇文章就决定购买此产品。

在5G出现以后，内容呈现形式被革新，竖屏视频与动态图形（Motion Graphics，MG）动画会进入用户的视野，增强现实（Augmented Reality，AR）、虚拟现实（Virtual Reality，VR）、4D打印等技术也会发挥越来越重要的作用。当然，这也为企业提供了更多极其珍贵的营销机会。

1.1.1　竖屏视频与MG动画大展拳脚

由于用户对视频清晰度、流畅度的需求不断提高，而运用原来的技术很容易出现卡顿情况，因此越来越高的带宽不断出现，如图1-1所示。

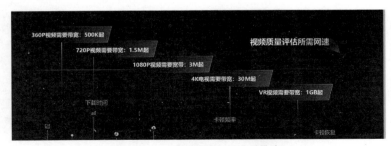

图1-1　不同视频匹配不同带宽

而 5G 可以解决传输过程中带宽的问题，它具有高速率、低延时和海量链接三大特点，如图 1-2 所示。

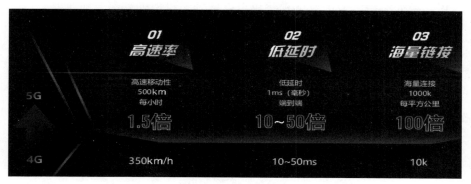

图 1-2　5G 三大特点

由于 5G 的特点，视频类的内容和营销的边界会因此变得模糊。因为视频类的内容可能本身就具备营销的能力，而营销的成功也依赖于视频类的内容，所以营销与内容会不断地融合，逐渐走向多元化。

在 5G 时代，在视频类的内容中，竖屏视频与 MG 动画会成为主流，并对品牌推广和产品宣传产生极大影响。

1. 竖屏视频

在观看竖屏视频时，用户往往更容易融入企业设定的情景之中，参与感更强。

此外，竖屏视频的画面更加聚焦，更能突出产品卖点，吸引用户注意，从而把产品优势尽可能深入地传达给用户，如图 1-3 所示。

图 1-3　横屏视频与竖屏视频的对比

对于企业来说，这些优势可以带来更多变化，具体如下所述。

（1）在图文时代，广告通常以海报的形式出现，而到了如今的视频时代，宛如海报一般的竖屏视频也可以成为手机上的动态宣传工具。

（2）在竖屏视频中融入一些比较重要的信息，例如广告语、产品介绍、售后服务、促销活动等，也是一个非常不错的玩法。

（3）把竖屏视频玩透以后，企业还可以使用一个全新的思路，即把视频做得像游戏一样，以闯关的形式来突出产品的某些优势和特性。

2. MG动画

MG 动画可以直接翻译为图形动画，即通过点、线、字将一幅幅画面串联在一起。通常情况下，MG 动画会出现在广告 MV、现场舞台屏幕等场景中。虽然它只是一个图形动画，却具有很强的艺术性和视觉美感。

不同于角色动画和剧情短片，MG 动画是一种全新的表达形式，可以随着内容和音乐同步变化，让观众在很短的时间内了解企业要展示的东西。5G 的出现让 MG 动画变得更加流畅、衔接性更强，从而使其传播力和表现力也增强了很多。

如今，在产品介绍、项目介绍、品牌推广等方面，MG 动画都可以发挥很大的作用，这也使得该内容形式十分受企业和用户的喜爱。因此，在进行营销时，企业可以找专业人员制作 MG 动画，以便更好地向用户展示产品的特性和优势。

1.1.2　AR改变用户体验

自从 5G 有了进展以后，AR、VR、4D 打印等技术水平也跟着水涨船高，尤其是 AR（增强现实）技术，更是获得了很多企业的青睐。AR可以让用户有身临其境的感觉，从而进一步改变用户体验，帮助企业招揽更多的生意。

如今，AR 技术的应用范围越来越广，已经可以从多个方面改变用户的体验。其中比较具有代表性的方面包括家居呈现、虚拟试衣、产品展示等，如图 1-4 所示。

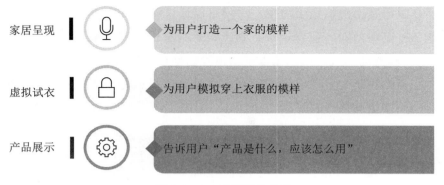

家居呈现　为用户打造一个家的模样

虚拟试衣　为用户模拟穿上衣服的模样

产品展示　告诉用户"产品是什么，应该怎么用"

图1-4　AR改变用户体验

1. 家居呈现：为用户打造一个家的模样

在 AR 技术的应用中，"AR+ 家居"非常重要，其覆盖范围也十分广泛。就像乙方在提交方案时必须将所有图片"PS"到甲方的现实使用场景中那样，用户也想看到自己购买的家具放在家中究竟是什么样子的，而不希望只是凭空想象。

AR 技术可以让用户看到新家具放在家中的真实模样，这样一来，他们就可以提前确定家具应该放在家中的哪一个位置。例如宜家（IKEA）和 Wayfair 家居电商都引入了 AR 技术，为用户模拟家具摆放的真实场景，使用户的消费体验得到了极大提升。

2. 虚拟试衣：为用户模拟穿上衣服的模样

在购买衣服时，用户最先想到的问题是"我穿上这件衣服会是什么样子的"，这时 AR 可以帮助用户回答这一问题。

曼马库斯百货为用户提供一面嵌入了 AR 技术的"智能魔镜"，用户可以穿着一件衣服在这面镜子前拍一段不超过 8 秒的视频，然后再穿上另一件衣服做同样的动作。这样一来，用户就可以通过视频对两件衣服进行比较，并从中选出更加满意的那一件。

3. 产品展示：告诉用户"产品是什么，应该怎么用"

很多企业希望用户能在网站上了解并购买自己的产品，于是这些企业开始利用手机与用户进行互动。例如用户用手机扫描产品的二维码，就可以得到产品的详细信息并了解其用法。

在星巴克上海烘焙工坊中，用户可以通过淘宝 APP 的"扫一扫"功能和 AR 识别功能，观看烘焙、生产、煮制星巴克咖啡的全过程。通过 AR 全新的互动形式，用户可以重新体验到咖啡文化的底蕴。

在 AR 的助力下，用户可以真切感受到产品的每一处细节，并且能够对产品产生更强烈的好感。

1.1.3　提升视频点击率和可交付率

在现在的营销环境下，流量之争已经到了一个非常激烈的阶段，营销手段越来越多样化且营销壁垒也在不断提高，而视频营销则成了打破这一局面的最有力的工具。

在 5G 的助力下，视频的点击率和可交付率得到了提升，视频营销也因此能够为企业提供更多展示、宣传和互动的机会。

借助 5G，视频的加载速度会比之前更快，视频也会呈现出更丰富的格式，例如超清、蓝光、高动态范围图像（High-Dynamic Range，HDR）等，这些格式的视频已经在很多视频平台上线。

因此，视频的点击率和可交付率会有所提升，广告商的盈利水平也会有一定的提高。广告商通过对点击率、可见度、视频流畅度等关键性指标进行完善，提高用户转化率。

依靠 5G，企业还可以向户外屏幕发送视频，这些户外屏幕可以对经过的人做出反应。具体来说，就是通过安装在户外屏幕上的智能摄像头和感应器，准确地识别受众和场景，并在第一时间播放与企业和产品相匹配的视频。

对于企业来说，这不仅可以增强视频的场景关联度，还可以通过网络与受众进行实时互动，实现视觉与动作的共享。

1.2　5G 革新推广场景

在技术为王的时代，线上或线下单一的推广场景已经不能满足智慧营销的需要，取而代之的是线上线下相互融合的策略。

与此同时，企业希望可以通过推陈出新的方式寻求更大的进步，例如将智能设备变为推广场景。而且在 5G 的推动下，传统的购物中心也开始对原有的运营模型进行改造，以此跟随发展的潮流，获得新的生机。

1.2.1 智能家居：VoLTE+智能设备

5G 推动了智能门锁、智能音箱、家用摄像头等智能家居产品的不断升级。毋庸置疑，随着 5G 带动智能家居市场的不断扩大，行业之间的合作日益密切，长期演进语音承载（Voice over Long-Term Evolution，VoLTE）和家里的智能设备将成为企业进行营销的新亮点。

1. VoLTE

VoLTE 是一种数据传输技术，它可以实现数据和语音的统一，使用户在使用手机通话的同时也可以上网。该技术解决了以前手机只能上网或者只能通话的单一的模式，为用户带来新的体验。

这项技术可以为企业带来更多的数据，使产品推荐变得更加精准。此外，即使用户在与他人通话，也不会影响企业向用户发送广告、推荐产品，用户的购买行为也不会受到任何影响。

2. 智能设备

在智能眼镜、智能手环、智能音箱、智能冰箱的光环效应下，智能设备引起越来越多的关注，成为企业心仪的全新推广场景。例如阿里巴巴旗下有一款智能音箱——天猫精灵，该智能音箱有很多功能。用户可以通过语音要求天猫精灵打开房间的窗帘、灯、电视等装备，还可以让它查询酒店信息、周边旅游信息或者自助点餐，甚至可以与天猫精灵聊天、讲笑话等。

当 5G 普及以后，天猫精灵还可能增加生活服务串接、产品采购等功能。此外，天猫精灵的人工智能语音助理还可以把用户的在家生活与出行购物的体验结合起来，帮助企业为用户提供更加贴心的服务。

天猫精灵的用户可以享受到 5G 带来的高性能和低时延服务。艾瑞咨询发布的相关数据显示，5G 可以达到 1 ～ 2 毫秒的响应时间，这使得天猫精灵能够以无缝对接的方式触发通知和启动自动化程序，将广告更加及时地推送到用户面前。

1.2.2　驾驶室成为推广地点

5G 使得驾驶室成为新的推广地点。由于车载娱乐更加发达，用户的出行体验得到优化，具体可以从以下几个方面说明。

首先，在 5G 的助力下，人与汽车之间的交流将更加灵活、顺畅，同时人与企业的交流也会更加方便。例如企业的产品广告可以投映到汽车内的智能设备上，人们观看起来会更加清晰和方便。

其次，汽车内的超级影院具有十分完善的配置，强大的车载系统可以将车窗变成屏幕，让汽车变成一个舒适的观影空间。在这种情况下，企业就可以在车载系统中投放广告，使用户在观影的同时了解企业的产品。

最后，汽车可以为用户提供舒适的环境，用户可以在驾驶室内小憩、利用智能设备购物、下棋、健身等。既然驾驶室内有购物的场景，那就存在营销的可能。

未来，自动驾驶的实现将使用户解放双手，车载娱乐将成为丰富用户旅途的有效方法。而车载娱乐的发展，也顺应了智慧营销的潮流，满足了企业拓展推广地点的需求。5G 与人工智能在汽车上的应用，将使汽车变身为"智能管家"，为企业提供更多的营销机会。

5G 与人工智能在汽车领域的应用并不遥远，我国领先的互联网企业与车企已经在推进相关合作。例如百度与现代汽车达成了车联网方面的合作，双方将携手打造搭载小度（百度智能机器人）车载系统的汽车，推进人工智能在汽车领域的应用。小度车载系统包含液晶仪表盘、流媒体后视镜、大屏智能车机、小度车载机器人等 4 个方面的组件。

其中，小度车载机器人具有丰富的功能，能够识别用户的语音、手势、表情等，而且可以在听到用户的指令后为用户推荐附近的餐厅和酒店，被小度车载机器人推荐的餐厅和酒店会成为很多用户的一种选择。

车载娱乐和车载机器人展现了汽车领域的发展趋势，5G 与人工智能等技术在汽车领域的应用，将加速汽车的智能化进程。未来，汽车将变身"智能管家"，成为企业的营销场景，为企业的发展贡献力量。

1.2.3 5G改造传统购物中心

作为营销人员，你是不是无法在购物中心挖掘用户需求，是不是不知道广告应该如何投放，是不是为销售业绩下降而感到苦恼？作为购物中心管理人员，你是不是希望可以通过数字化手段加强管理，提升用户与企业的体验，从而突出购物中心的优势？

很多时候，用户、企业、购物中心管理人员都会对购物中心有一定的不满，但是随着5G时代的到来，这些不满将会得到改变。

2019年5月，全球首个"5G+五星购物中心"在上海陆家嘴中心L+MALL正式上线。该购物中心在5G的帮助下华丽变身，成为用户购物、休闲、娱乐的首选目的地之一。通过数字化转型，L+MALL不仅提升了用户的购物体验和购物中心的运营效率，还摆脱了盈利比较艰难的状态，获得了越来越多的经济效益。

L+MALL可以为用户提供5G带来的高端、休闲体验，例如用5G智能手机体验高清视频通话，感受5G智能机器人提供的导购以及目的地指引等服务。当然，5G还可以为入驻L+MALL的企业提供更加优质的服务，如精准导航、用户动向分析等。

在改造传统购物中心的过程中，5G提升了管理人员的管理能力和管理效率。基于5G、大数据、人工智能等技术，管理人员不仅可以实时掌握用户分布情况，还可以更高效地完成安全保障、车辆管理、门店租赁、广告投放等工作。

总之，与5G相结合的购物中心可以得到优化。首先，5G的应用可以给用户带来更优质的购物体验；其次，5G可以把各个门店的数据上传到云设备进行统一集中管理；最后，管理人员可以更好地管理商业布局和客流量。

从"5G+火车站"到"5G+酒店"，再到"5G+购物中心"，5G的价值已经得到认可。目前，购物中心受到电商平台的冲击也越来越强烈，在这样的背景下，购物中心必须为用户提供独特的购物体验，才能在竞争中获得立足之地。

1.3　5G 革新广告宣传

5G 的应用给各行业带来巨大变化。在广告与网络密切结合的时代，5G 会对广告带来深刻的影响，企业也将面临重大机遇，走上智能化、数字化的道路。那么，5G 究竟会为广告宣传带来哪些革新呢？第一，使线上广告和线下广告焕发新的生机；第二，H5 广告将代替 APP 广告；第三，跨屏广告、实景广告越来越受到企业的重视。

1.3.1　线下广告：改善效果统计现状

5G 为线下广告带来相当可靠的效果统计。虽然现在的线下广告可以通过统计扫描二维码的次数来了解投放的效果，但对于企业来说，了解线下广告是否被用户深度关注才是最终的目的。利用传感器判断用户关注时的状态，通过 5G 让传感器将用户状态实时回传给广告监播服务器，以供企业查询和分析。

实际上，线下广告还有一个更合适的监测指标，那就是查看率（注视线下广告的用户数量除以线下广告呈现范围内的用户数量）。这个监测指标十分适合线下楼宇广告，所以有这方面需求的企业可以对此重点关注。

如果人脸识别在符合法律规定的情况下被允许商用，那么线下广告的效果统计会更加完善。例如，通过追踪看到线下广告的人脸，以及最终下单购买的人脸，就可以轻松判断线下广告的转化效果和为企业带来的效益。

在技术方面，通过人脸识别判断线下广告的效果完全可行，但是在隐私方面，这样的方式很难实现商用。当然，或许未来某种更容易被接受的加密技术，以及更好的数据规范与协议能够出现，那么这样的方式还是可以为企业提供很多便利的。

1.3.2　线上广告：大幅度减少拦截

除了线下广告，5G 的发展对线上广告也产生了不小的影响，在这样的趋势下，3G、4G 线上广告的收入将持续降低，5G 线上广告的收入将快速增长。其传播速度快且低延迟的特性，可以为用户提供身临其境的体验，而更高分辨率和更优质的体验有助于企业更好地与用户联系。

一旦 5G 形成规模化发展，就意味着新的广告机会出现，企业也会大力发展 5G 支持下的线上广告。未来，5G 在线上广告方面将大有所为，其对线上广告的影响主要表现在以下几个方面，如图 1-5 所示。

优化线上广告拦截

投放数据更准确　　　　　加深与用户联系

图 1-5　5G 对线上广告的影响

1. 优化线上广告拦截

随着 5G 的不断发展，未来我们可能会看到线上广告拦截的优化。目前，因线上广告拦截过多导致的视频或者会话被终止的现象屡见不鲜，而未来 5G 正式落地之后，这种现象可能会有所改善。此外，因线上广告过多而导致的页面加载速度缓慢的问题也将得到有效地解决。

2. 投放数据更准确

使用 5G 进行准确的位置定位，可使近距离线上广告成为现实。4G 只能支持聚合移动及实时传输的分析，5G 将带来实时、超精确的位置数据，使线上广告营销具备更高性能。

3. 加深与用户联系

5G 可以降低用户上网流量包的成本，使用户能使用价格更为合理的无限流量包，那么用户在视频、音乐、游戏、移动设备上所花费的时间将会更多。这种趋势为企业提供了与用户建立深度联系的机会，有助于加深企业与用户之间的联系。

1.3.3　H5广告代替APP广告

5G 的超强数据传输能力和超流畅播放能力，使"一切在云端"成为现实。手机一旦不再需要存储能力，那么原来在 APP 上的广告只需要一条 H5（第 5 代 HTML 语言）链接即可，无需下载 APP 即可观看。

未来，APP 推广认知里的下载、注册、表单数据转化漏斗将会因为手机存储模块的消失而被彻底打碎。与此同时，基于 APP 的推广场景将被基于 H5 的互动场景全面替代。随着 5G 时代的到来，未来的广告行业术语里将没有下载、试玩、表单，而只剩下成交。

新的平台将打破 APP 的束缚，让广告进入更为开放、便捷的 H5 时代。与 5G 配套的人脸识别技术也已经非常成熟，未来多数企业都会依赖人脸识别来帮助用户完成注册和登录。这也就意味着，在以 H5 广告为主要投放形式的平台上，用户可以更便捷地使用企业的产品。

面对着"翩翩而来"的 5G 潮流，企业需要在 H5 广告方面发力。例如招商银行的一则 H5 广告《世界再大，大不过一盘番茄炒蛋》就曾经在深夜刷屏，引起了极大的关注和热议。这是招商银行打的一手温情牌，也是其追赶 5G 时代的策略。

这则 H5 广告讲述了这样一个故事：一位中国留学生准备做一盘番茄炒蛋给外国朋友分享，却不知道应该先放番茄还是先放鸡蛋，于是和在中国的父母联系。因为美国与中国有 12 小时的时差，所以父母深夜在厨房里与他视频联系，教他做番茄炒蛋。最终他的番茄炒蛋获得了他的外国朋友的好评。

这则 H5 广告当天的微信指数达 2445 万，许多人表示"温情的广告依然最动人，看哭了，给满分"。招商银行凭借 H5 广告引起了远在异国的留学生群体的共鸣，成功地把"亲情"二字与招商银行的品牌形象融合在一起，提升了该行的影响力。

1.3.4　线下广告的全面程序化

在线下广告方面，5G 还可以实现线下广告的全面程序化。如果以线上广告为参照，我们不难发现，线上广告之所以可以迅速程序化，主要有以下 3 个原因。

（1）支持实时动态物料展示的广告位。

（2）支持实时的数据采集和使用。

（3）按照千次广告展现费用（Cost Per Mille，CPM）对交易进行结算。

在 5G 到来之后，线下广告可以与线上广告一样实现程序化。

首先，5G 的高速度传输性能能够支持实时的动态物料展示，甚至支持来自云端的视频和创意；其次，高可靠、低延迟的物联网传感器可以准确识别用户的特征与状态；最后，线下广告的展示次数可以通过 5G 回传给企业。

因此，与线上广告一样，线下广告的程序化也会迅速普及，并且还会改变线下广告的销售方式。例如百度的"聚屏"，其价值只有在 5G 环境中才能充分地体现出来。在这样的趋势下，会有越来越多的企业投身于线下广告的程序化领域。

1.3.5　跨屏广告、实景广告愈发流行

跨屏广告、实景广告是 5G 催生的新的广告应用场景，应该得到企业的重视。

1. 跨屏广告

试着想象这样一个场景：你在下班前用笔记本电脑浏览了一件心仪已久的连衣裙，下班回到家之后发现手机中的电商平台也为你推荐了这件连衣裙。于是你就认为这是你和连衣裙之间的奇妙缘分。事实真的是这样吗？其实这是跨屏广告在发挥作用。

对于企业来说，将广告精准地发送给用户是实现成交的重要一步。之前，企业在不断研究如何实现跨屏广告，即把广告发送到同一个用户的所有智能设备上，如手机、电脑、iPad 等。这种重复发送广告的策略会产生非常不错的宣传效果。

如今，借助大数据、5G 等技术，跨屏广告已经成为现实，这为企业的营销带来新的机会。跨屏广告的要点是跨屏识别，企业需要认清每

一次浏览行为背后的用户，打通与用户相关的各类数据，例如账号、Wi-Fi、IP（网际互联协议）地址、消费习惯等。

除了大数据以外，5G 支持下的物联网也让跨屏广告拥有了现实的场景。智能设备之间的直接通信是 5G 最典型的应用之一，而线上线下导航是 5G 支持下的物联网和传感器的另一个典型应用。因此，在 5G、物联网的影响下，用户的购物体验将进一步提升，企业也将获得更多基于用户行为的数据，这些数据可以提升广告的投放效果。

2. 实景广告

实景广告是通过 VR 或者 3D 投影技术将具体位置的实际景象以互动的方式展示给用户，房地产、景区、汽车、购物中心、游乐园、酒店等场景都非常适合使用这种广告。对于企业来说，实景广告就像"开箱"展示一样，可以给用户一种真实的体验和身临其境的感觉。

目前，因为网速的限制，实景互动还无法在广告上实现，而只能通过网站或者 APP 载入。但是在 5G 时代，网速会大幅度提升，实景广告会代替简单的图片广告和视频广告，让用户从任意视角和位置查看产品的细节。

1.4 5G 时代，智慧营销新看点

5G 改变了用户的消费模式，企业也将突破传统模式，展现出新的面貌。通过 5G 与人工智能、大数据、物联网等技术的结合，智慧营销会出现新看点。

1.4.1 媒体产业新发展

5G 为媒体产业带来的最直观的转变就是为其创造了营收。引爆媒体产业的营收是 5G 出现之后最为直观的发展趋势之一。

5G 引爆媒体产业的营收是建立在由 5G 带来的媒体产业规模扩展的基础之上的。也就是说，5G 在媒体产业的引入为媒体产业的发展提供了更加广阔的发展空间，同时 5G 的应用也推动了媒体产业发展的脚步。

在这种形势下，媒体产业的规模不断扩大，发展也更加成熟。英特尔发布的《5G娱乐报告经济学报》预测，2019—2028年，全球媒体及娱乐产业将通过5G获得1.3万亿美元的营收，并预计到2028年，5G的营收可达2000亿美元。

未来几年，5G将使媒体产业市场快速增长，全球媒体市场规模将急速扩张，而最先应用全新商业模式的媒体企业将获得更多的机会。

5G转型浪潮是所有媒体产业里的企业都要面临的问题。那么，企业应该如何更好地适应5G大环境？最关键的就是适应商业环境、用户习惯和公众期待的新变化，以积极的心态拥抱5G，通过新技术的实践或与其他技术的结合实践等方式为用户提供更好的娱乐体验。只有这样，企业才能赶上未来媒体产业爆发式营收的列车，创造更多的财富。

当前时代是一个媒体产业飞速发展的时代，从传统媒体发展到互联网、移动互联网媒体，再到自媒体；从图文资讯时代发展到短视频、直播时代。那么在5G时代，媒体行业会迎来怎样的颠覆性变化？

英特尔和Ovum（在电信行业极富权威性的一家咨询顾问机构）曾共同发布了报告，在其中列出了对5G时代下各行业应用增长的期望，其中视频占了5G数据使用量的90%，到2028年，游戏等用途将占5G AR数据使用量的90%。

在未来，5G必将加速移动媒体、移动广告、家庭宽带等消费。同时，众多互联网视频平台也希望通过一系列沉浸式和交互式新技术的使用来为用户创造更好的体验，以便在5G到来之时把握先机。

5G促进了AR和VR应用程序的开发，这些应用程序带来了更高的营业收入，并提供了媒体交互的新方式。AR将通过虚拟场景和增强性情境信息等给用户带来与媒体交互的全新方式。

新的媒体交互方式表现在游戏和新媒体渠道中。首先，虚拟场景将被用于AR和VR游戏之中，如云游戏的游戏体验增强极有可能会推动其订阅量的上升；其次，5G为新媒体提供了虚拟场景，使用户与内容进行交互成为可能，同时沉浸式体验可以提高用户参与度，种种新的交互方式为用户带来了更加真实的体验。

1.4.2 融入更多互联网元素

从目前的情况来看，通过互联网来创新经营模式已经成为几乎所有行业的共识。在智慧营销时代，无论是企业营销能力的提高，还是用户消费体验的优化，都离不开互联网元素的支持。这可以从以下几个方面进行详细说明，如图1-6所示。

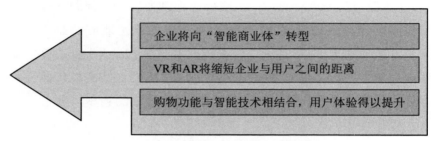

企业将向"智能商业体"转型

VR和AR将缩短企业与用户之间的距离

购物功能与智能技术相结合，用户体验得以提升

图1-6　互联网元素为企业提供支持

1. 企业将向"智能商业体"转型

京东创始人刘强东曾经说："时代正在发生快速、剧烈的变化，未来10年科技进步的速度将超过过去的100年。在以人工智能为代表的第四次商业革命来临之际，京东将坚定地朝着技术创新进行转型。"另外，刘强东还指出，在未来的12年内，要让京东变成"包括智能商业、智能金融、智能保险业务在内的全球领先的智能商业体"。

的确，在互联网迅猛发展的今天，每一个企业都应该去拥抱互联网，只有这样才可以跟上潮流，不被时代抛弃。

2. VR和AR将缩短企业与用户之间的距离

现在，VR应用越来越普遍，如深受服装企业和用户喜爱的"3D试衣镜"。"3D试衣镜"是在人体测量建模系统的支持下得以顺利运行的。用户只要在"3D试衣镜"面前停留3～5秒钟的时间，系统就可以建出一个人体3D模型，并获取到详细且精准的用户身材数据，然后这些数据就会被同步到"云3D服装定制系统"中。

此时，企业不仅可以为用户提供虚拟试衣的服务，还可以根据用户的身材数据为其进行远程服装定制。由此来看，VR和AR正在发挥着越来越大的作用，极大地缩短了用户与企业之间的距离。

3. 购物功能与智能技术相结合，用户体验得以提升

在美国，不少线下门店正面临着倒闭的危险。在这种情况下，亚马逊用"无人超市"Amazon Go实现了自身的逆袭。Amazon Go的免结账消费是在无人驾驶汽车的影响下推出的，二者使用了多项同类型的技术，如传感器、计算机视觉等。

另外，Amazon Go还引入了"Just Walk Our"技术。在该项技术的助力下，无论用户是从货架上取下产品，还是将产品放回货架上，都可以被监测到，甚至用户虚拟购物车中的产品也可以被追踪到。在这种情况下，用户只要完成了购物，就可以直接离开。

此外，Amazon Go不仅可以通过亚马逊账号为用户结账，而且还可以提供发票。这种全新的消费方式使用户的购买体验得到了极大地提升，大多数体验过的用户都非常希望可以到Amazon Go购物。

实际上，随着技术的不断升级，除了虚拟超市、无人超市获得了迅猛发展以外，无人仓、无人机等新兴技术也已经开始投入使用，这些都是企业走向智能化、科技化的强大推动力。

1.4.3 全域营销展现广阔前景

5G打破了时间、空间的限制，使人、货、场被重构。算法技术的普及、大数据的应用，也让各种新奇的营销方式不断涌现。在所有的营销方法中，全域营销拥有最广阔的前景。全域营销是由阿里巴巴提出的，它是以用户为核心的智能化营销模式，致力于在大数据的辅助下实现全链路、全媒体、全数据、全渠道营销。

1. 全链路

经典的用户链路分为认知（Aware）、兴趣（Interest）、购买（Purchase）和忠诚（Loyalty）4个维度。在解读全链路时，企业既要考虑这些用户与品牌的关系，又要思考在营销时如何作出决策与行动。

全域营销能够在一些关键性节点上为企业提供工具型产品，帮助企业完成与用户之间的一个行为闭环。

举例来说，盒马鲜生采用的是从用户体验入手的全链路营销模式，值得广大企业学习和借鉴。用户在产生购物需求后，可以通过盒马鲜生线下门店或线上平台两种渠道购买产品。用户在线下门店购买产品后可以直接带走，也可以将其交给盒马鲜生的后厨加工后进行堂食。

在线上平台，盒马鲜生承诺"3公里30分钟送达"。为了完成这一承诺，盒马鲜生必须保证在订单生成后，扫码、拣货、传送、打包、配送等各个环节都有序且高效进行。

在线下门店运营中，生鲜产品占了盒马鲜生的主要盈利份额，而这类产品的显著特点就是不能久存，因此，盒马鲜生提供了堂食区以及加工服务。此举不仅增加了用户流量、提高了门店人气，更优化了用户的消费体验，可以说是一举多得。

除此之外，盒马鲜生店内还安装了连接产品陈列区和后仓的传送滑道，它能够将线上订单传输到后仓进行打包的环节降到最小，节省大量的人力和物力。

综合来看，盒马鲜生从选购产品、陈列产品、拣货操作、传输系统，一直到配送到家的每一个环节都经过了精心设计，实现了整个供应链的贯通和联动。这样做既可以最大限度地保证运营效率，又能降低综合成本。

2. 全媒体

随着互联网的快速发展，移动传媒渠道受到了大众的高度重视。在这种情况下，报纸、电视、互联网、移动互联网共同构成了当前的主要传播渠道，简称"全媒体传播渠道"。

基于此，越来越多的企业希望建立起自己的全媒体传播渠道。海尔就围绕着微信、微博等平台，建立起了自己的全媒体矩阵。2020年5月，海尔员工因救人被公司奖励一套房，运营人员在微信、微博里对这一事件进行了发布，并引发了大量媒体进行报道和转发。尽管该事件是突发的，但也在另一方面证明海尔新媒体运营团队在建立全媒体传播渠道方面确实取得了一定成绩。

3. 全数据

大数据时代，用户识别、用户服务、用户触达等都将实现数据化，数据以其自身巨大的价值，在全域营销中占据着非常重要的地位。

数据可以带动业务的增长，也能更好地服务于用户。数据在服务于企业内部时，可以使其实现真正意义上的数字化管理；在服务于用户时，能够保证服务的个性化。

企业想要发挥全数据的效果，就要将资讯系统与决策流程进行紧密结合，只有把握好这一关键点，才可以在最短的时间内回应、修正用户的需求，从而作出可以立刻执行的合理决策。

4. 全渠道营销

企业想要实现全渠道营销，需要把握三个关键点：保证线上线下同款同价，重视用户的消费体验以及打通全渠道数据。

对于用户来说，无论是在线上，还是在线下，最重要的目的都是能够愉快且高效地买到自己所需要的产品。因此，企业要想实现全渠道营销的话，就要不断优化用户的消费体验。另外，营销方面也应该从传统的标准化驱动，逐渐转变为个性化定制。

打通线上线下店铺、社交自媒体内容平台、线上线下会员体系、线下线上营销数据是实现全渠道营销的关键步骤，这些步骤可以让用户获得优质体验，从而加深对企业的好感。

如今，越来越多的企业都走上了全渠道营销的道路。这样的做法确实能带来很多方面的好处，如提高产品销售量、提升用户体验、增强企业影响力等。

　　企业要做好智慧营销，必须知道谁是自己的用户。在海量的用户中，企业如何锁定用户，做到精准投放？企业该如何对这些用户进行分类管理？要想了解用户的特征和需求，企业应该从哪方面着手？这些问题的核心其实就是大数据，也就是说大数据是智慧营销的重要基础。因此，企业应该掌握大数据的特点及相关操作方法。

2.1　大数据连接企业与用户

　　不同用户有着不同的需求，企业要想让不同的用户满意，必须对用户进行细分。企业可以通过行为、需求、年龄、职业和爱好等属性对用户进行分类，然后再为用户提供相对应的产品或服务。

　　用户细分的目的是让企业准确地了解自己的消费群体以及用户的需求。企业在对用户进行细分定位之前，要先收集用户的大数据信息，并对大数据信息进行整理分析。

2.1.1　从属性出发，圈定用户

　　不同的用户往往有着不同的属性。企业首先要对用户的属性有一定了解，才可以进一步对用户进行细分，从而实现与用户的紧密连接。

　　属性可以用来描述用户的特点，使其与其他用户有所区分，为企业精准及个性化地推荐产品奠定基础。在智慧营销的背景下，企业可以通过大数据为用户建立属性模型，内容包括用户的基本信息、兴趣爱好、消费习惯、活跃周期、所在地区、价值取向等。

　　假设用户 A 和用户 B 的属性没有太大差异，那么这两个用户就会被认定为相似用户，而企业则可以在此基础上为其推荐相应的产品。另外，属性模型还具有过滤和排列推荐结果的作用，可以帮助企业大幅度提升推荐结果的有效性。

　　企业必须在诸多用户中圈定自己的理想用户，这是在新时代必备的营销策略。那么，企业应该如何通过属性圈定用户呢？下面以化妆品企

业为例进行详细说明。

结合用户的需求和产品的性能，化妆品企业要找到喜欢面部保养的人群，然后将产品卖给这些用户。接着化妆品企业就可以分析这类人有哪些特征。如果这些用户是爱美人士，但是皮肤不太好，那么他们就是化妆品的潜在用户，而皮肤不太好也是用户的第一个属性。

如果用户是 80 岁以上或者年龄更大的老人，那么还会过多在意自己的皮肤不好吗？因此，化妆品企业就可以圈定用户：年龄在 20 ～ 50 岁的中高收入且皮肤不好者。如果用户并不爱美，那么还会在意自己的皮肤吗？于是化妆品企业又可以圈定用户：爱美、20 ～ 50 岁、中高收入、皮肤不好者。如果用户对化妆品过敏，那么还会使用化妆品吗？于是化妆品企业又可以圈定用户：对化妆品不过敏、爱美、20 ～ 50 岁、中高收入、皮肤不好者。

对于化妆品企业来说，高收入、20 ～ 50 岁、爱美、对化妆品不过敏等圈定用户属性的形容词十分重要。所以如果有时间，不妨多准备几个问题，以找出更多的用户属性。

教育品牌 VIPKID 借助营销数字引擎——观星盘，对用户进行深度洞察，重点关注线下渠道。观星盘将 VIPKID 的目标用户定位为一线城市的高消费人群，由此将广告覆盖场景锁定在北京、上海、深圳、广州等城市的高档住宅区的宣传栏和电梯间，以及京沪地区户外商圈的大屏幕，从而实现从生活场景到出行场景全方位覆盖目标用户，如图 2-1 所示。

图 2-1　VIPKID 线下宣传广告

一方面，VIPKID 借助百度 10 亿用户规模的优势，利用 IP 合作配合广告，实现全范围的曝光，以吸引更多目标用户；另一方面，VIPKID 利用原生 GD-CPT 精准投放广告，实现目标用户全覆盖，同时通过线上线下的整合，激发了目标用户的需求。

前期的目标用户定位，加上后期针对目标用户采取的一系列营销措施，使 VIPKID 取得了不错的成果：提高了目标用户的兴趣，使更多消费者主动搜索品牌，品牌搜索量迅速增长。所以圈定用户是为营销措施服务的，只有选择正确的目标用户，才能使营销效果实现最优化。

2.1.2　大数据，让卖点和需求相匹配

有不少营销人员认为自己的产品很好，但就是卖不出去。这不是因为用户没需求，而是因为产品卖点与用户需求不匹配。

早期的王老吉曾发布过一条广告："健康家庭，永远相伴"。这条广告只体现了其产品的健康属性。当时，王老吉也无人问津，甚至一度陷入了巨大的销售困境。后来，经过大量的市场调查发现，王老吉在商超便利店里卖得少，在火锅店里却卖得很多。

如果你向大量喝王老吉的人询问"你为什么喝王老吉"，多数人会给出相似的答案"吃火锅不是会上火吗，王老吉不是能降火吗，我一边吃火锅，一边喝王老吉，不是就能够不上火吗！"

通过大量的数据分析，王老吉将产品卖点和用户需求结合起来，提出了"因为怕上火，所以喝王老吉"的观点。紧接着，以"怕上火，喝王老吉"为主题的广告开始大量宣传，最终使王老吉脱离了困境。

在智慧营销时代，用户需求的挖掘和产品卖点的设定都不必通过问卷调查来完成。因为大量的数据会让企业获得想要的信息，这其中包括产品卖点和用户需求。不过，有了数据之后，产品卖点与用户需求之间的差异就变得越来越大。

在用户需求方面，企业首先要借助搜索指数、媒体指数等数据了解产品被关注的趋势，然后综合产品的实际情况判断用户对产品的购买意愿。此外，媒体的报道也是一个风向标。企业通过查询可以得到媒体对产品的报道数量及报道时间，并据此推算产品所处的状态。

在卖点方面，一个产品往往会有多个卖点，企业不可能把所有的卖点都兼顾上，所以必须从中找到最核心的卖点进行剖解并传播。在此过程中，企业需要分析大量的数据，如用户购买数据、竞品数据等，根据这些数据提炼出的最终的卖点将更有吸引力。

2.2 如何让数据发挥最大价值

智慧营销是以数据为核心的营销模式，其中的关键不仅有数据分析的过程，还有数据分析的结果。把数据分析的结果与营销策略无缝衔接，才可以发挥数据的最大价值。

在 5G 时代，企业可以选择任何一项数据技术，但是要想让数据技术产生更大的作用，就必须将其应用到实际工作的需求环节中去。这也就表示，数据不是为分析而生的，而是为应用而生的。

2.2.1 智慧营销核心：交叉的数据与技术

如果智慧营销是海，数据是船，那么无论是造船出海，还是借船出海，都是不错的做法。现在，各项技术的发展使数据更容易得到交换与共享，5G 让这种交换与共享变得更加快捷。在 5G 时代，数据与技术不仅会成为企业新的关注点，也会成为智慧营销的推动力。

以前，做生意依靠的是旧技术，而现在的生意则要依靠新技术。不过这里所说的"新技术"，除了 5G、人工智能以外，还包括战略选择与数字化能力，如图 2-2 所示。

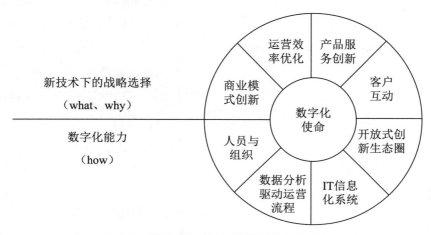

图 2-2　新技术下的战略选择与数字化能力

通过图 2-2 可知，新技术下的战略选择与数字化能力包括 what、why、how。其中，what 和 why 细分为商业模式创新、运营效率优化、产品服务创新和客户互动；how 细分为人员与组织、数据分析驱动运营流程、IT 信息化系统及开放式创新生态圈。

而上述这些都可以归结为一个中心——数字化使命。那么，企业应该如何完成数字化使命，并将其运用到日常运营中？可以从以下几个方面着手。

（1）将与用户之间的深度互动纳入经营战略中。

（2）改变产品服务创新的方向。

（3）对之前的商业模式进行创新。

（4）充分借助 IT 信息化系统的力量。

（5）建立开放式的创新生态圈。

（6）保证流程的数据化，以此来提升经营效率。

面对新冠肺炎疫情带来的经济下行挑战，这种数字化使命又被提到了一个新的高度，成为企业高质量可持续发展的引擎。若想充分释放数据和 5G 在数字化方面的价值，企业不仅需要前瞻性的顶层设计，更需要改变老旧的思维方式。

以戴尔为例，为了实现数字化使命，戴尔已经做好了充分准备。一方面，戴尔汇聚企业的综合实力，以强大的技术能力和丰富的实践经验与企业共创数字化未来；另一方面，戴尔借助"ABCDE 战略"，即人工智能（Artificial intelligence，A）、大数据（Big data，B）、云平台（Cloud platform，C）、数据中心（Data center，D）、边缘计算（Edge computing，E），帮助企业加快基础设施建设、实现数字化转型升级。

在进行数字化转型升级时，企业不能只一味地依靠戴尔这种外部力量，还应该培养技术团队，基于数据，预测产品需求，设计解决方案。这样不仅可以提升供应链效率，还有利于对用户实施针对性营销，优化营销效果。

2.2.2　数字化门店离不开数据

在进行智慧营销的过程中，数字化门店是一个非常重要的环节，这个环节离不开数据。智慧营销讲究线上线下统一，而线上线下统一的用户体验往往来源于对各个环节的跟踪执行，这也是建设数字化门店应该遵循的原则。

数字化门店强调的是直接打通用户多触点数据，实现整个过程的可监控、可优化。这时企业可以清晰地看到店内正在发生的事情，从而真正做到与用户实时互动、洞悉用户喜好，充分激发用户活力。在数字化门店方面，丝芙兰的策略值得大家学习和借鉴。

得益于对市场的敏锐嗅觉，丝芙兰相继在美国和法国开设了极具现代感的数字化门店，以此与用户建立更加紧密的联系。如今，丝芙兰的数字化门店已经非常规范，不仅可以让用户切实体验各种产品，还可以给用户一种耳目一新的感觉。

丝芙兰的数字化门店始终秉承着让女性发现美丽、探索美丽和分享美丽的理念，致力于赋予她们完美的消费体验。丝芙兰的数字化门店主要包括以下 3 个部分，如图 2-3 所示。

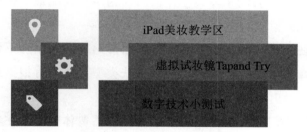

iPad美妆教学区

虚拟试妆镜Tapand Try

数字技术小测试

图 2-3　丝芙兰的数字化门店

1. iPad美妆教学区

丝芙兰的数字化门店内有十几台 iPad，用户可以通过这些 iPad 获取最新的美妆教程。同时，为了方便用户随时取用，iPad 的旁边还放置了一些必备的化妆工具。用户使用完 iPad 以后会留下很多数据，丝芙兰可以通过这些数据了解用户的需要和喜好，从而根据其自身情况为其推荐最合适的美妆产品。

除此以外，丝芙兰提供的 Color IQ 触摸屏可以为用户挑选唇膏、粉底、眉粉等，还可以帮助用户设计妆容，如哪个口红或者眼影的颜色搭配起来会更好看。因为用户可以在 Color IQ 触摸屏上看到自己使用完某化妆品后的效果，所以用户可以很放心地购买自己想要的产品。

2. 虚拟试妆镜Tapand Try

Tapand Try 是丝芙兰与科技企业 ModiFace 合作，利用 AR 技术打造出的一款支持试妆的"神奇魔镜"。通过 Tapand Try，用户可以充分感受到产品涂在脸上的 3D 效果，而且整个过程的操作十分方便，只需要扫描一下产品上的条形码即可。

有了 Tapand Try 以后，用户不仅可以尽情尝试三千多种不同颜色的口红、眼影，还可以虚拟试戴假睫毛。目前，Tapand Try 已经得到了大量用户的好评，因为它不仅完全省去了用户试妆的麻烦，还帮助丝芙兰节省了准备小样和化妆工具的费用。

3. 数字技术小测试

对于用户来说，找香水是一件比较私密的事情。为了不让用户在选购时感到困扰和尴尬，丝芙兰推出了名为 InstaScent stations 的装置。该装置让用户闻不同的气味并进行评估后，为用户匹配最心仪的气味，同时喷出与该气味相似的香水。

此外，在护肤方面，丝芙兰推出了面部贴片。该贴片不仅可以检测皮肤的湿度，还可以迅速确定用户的皮肤类型，从而有根据地为其推荐合适的产品并给出合理的护肤建议。

通过数字化门店，丝芙兰提升了用户的消费体验，并在整个购物过程中给用户便利、舒适的感觉。而对于丝芙兰自身来说，建设数字化门店还可以获取许多有价值的数据，从而更加深入地了解用户，为构思、研发下一款产品提供有力依据。

除了建设数字化门店以外，丝芙兰也积极开展线上业务，试图打造线上线下共享互通的美妆社区。未来，丝芙兰如果继续坚持打通各个壁垒，那么创造让用户满意的数字化门店，跟上智慧营销的发展潮流便是水到渠成的事情。

2.2.3 数据必须在场景中落地

数据本身的价值并不大，只有应用到场景中，它才可以发挥真正的作用。因此，企业应该建立数据库，将数据的价值应用到场景中，从而不断提升自己的核心竞争力。

企业应当正确看待数据的价值与作用，将其作为产业链中必不可少的驱动力与创新力，使其具备"内核发动机"的功能。数据的应用可以促进产品与服务的优化，推动企业的智慧化转型升级。

营销的本质是在合适的场景下，以最适合的方式，建立企业与用户之间的连接。智慧营销使企业与用户之间产生了越来越多的连接，而且这种连接还是双向的。如今，很多企业都将数据看作一个可以全面触达用户的渠道。

企业运用数据技术，基于用户的属性、兴趣、使用产品时间、标签、喜好等维度对用户进行精准分析及对比，建立消费行为模型，就可以迅速找到消费群体并掌握用户的真实需求。此后再结合场景，为用户定制营销方案。

这里的场景可以分为线上场景和线下场景。数据在线上场景的应用已经十分广泛，例如针对特定的人群进行广告追踪投放，并提高广告溢价；决定将预算投入到哪个电商平台。然而，数据在线下场景的应用其实更值得称道。

服装品牌 UR 利用门店入口的摄像头识别用户，采集会员数据，使销售人员了解进店者的大致购物喜好，以为其提供有针对性的建议。UR的门店里面还有屏幕展示，当进店者拿起衣服时，屏幕会显示衣服的产地、面料、规格等数据。

彩妆品牌 M·A·C 的上海门店，收集了关键意见领袖（Key Opinion Leader，KOL）在小红书上的点评，并将点评以 AR 的方式展示在交互屏幕上。进店者也可以留下自己的建议，这些建议日后将成为 M·A·C 进行数据分析的重要素材。

对于企业来说，用户浏览（在线下场景是触摸）了什么产品、购买了什么产品、是否有复购行为等都可以转化为数据。通过这些数据，企业将分析出用户需求相似度、产品相似度等，然后可以据此进行个性化推荐，以及制定促销方案。

2.3 5G 从 3 个方面影响大数据

5G 和大数据的结合已经成为趋势，依托于 5G 的大数据也将为用户提供更多"私人定制"的服务，帮助企业真正实现消费体验的提升。

2.3.1　数据量急速膨胀

如今，全球范围内的互联网巨头都已经建立了自己的数据中心，这些巨头对数据的重视程度达到了前所未有的高度。在互联网巨头的带领下，传统企业希望通过数字化手段实现自身的转型升级，因此大数据、5G 等概念正在被越来越多的传统企业接受。

在这样的形势下，大数据已经影响了越来越多的行业，数据量也因此极速膨胀。当然，急速膨胀的数据量也对数据的时效性与传输速率提出了更高要求。5G 的出现恰好能弥补 4G 的不足，满足了企业对海量数据的传输、存储和处理的需求。

数据分析机构艾瑞咨询提供的数据显示，5G 使得单位面积的联网设备大量增加，其数量甚至达到了 4G 时代的上百倍。在这种情况下，物联网的感知层将产生海量数据。同时，5G 通过提升连接速率、降低时延，使数据采集变得更加快捷、方便，这也会驱动数据量的进一步膨胀。

数据分析机构 IDC 提供的研究报告显示：2020 年，全球新建和复制的数据量将超过 40ZB（1ZB 约等于 1 万亿 GB）。这种数据量是传统的数据处理平台和数据分析技术无法承担的。而 5G 低时延、大容量的特点将促进数据处理平台和数据分析技术的进步。无论是混搭式的数据处理平台，还是推动式的数据分析技术，都是为了让企业有更多高价值的数据可以使用。

2.3.2　数据维度不断增多

从连接的类型来看，现在的数据维度大多是人和人的关联。5G 使物联网获得了迅猛发展，使得人和物、物和物之间的关联更加紧密，由此产生的数据类型也更加丰富。另外，数据采集的场景也大幅度增加，如联网汽车、可穿戴设备、无人机、机器人等都可成为数据采集场景。

从连接的内容来看，5G 催生的车联网、智能制造、智慧能源、无线医疗、无线家庭娱乐以及无人机等新型应用将创造更加丰富的数据维度。与此同时，AR、VR、视频等非结构化数据的比例也将进一步提升。

对非结构化数据，企业之前没能很好地加以利用，因为技术不达标。当时，企业做的分析主要都是用户转化是否有提升、付费率是不是够高、消费趋势如何变化等，而没有把用户关注度和用户选择因素收集起来。如今，通过一些新型的技术手段，将非结构化数据与原有数据库进行整合，企业就可以把用户的购买行为轮廓描绘出来。

5G 时代，社交维度的数据也非常重要。通过社交平台，企业可以获取用户相关数据，并分析出影响用户的人是谁，从而更有效地为他们提供现有的产品。例如淘宝就可以根据你与你朋友浏览产品的相似度，分析出你们两个都喜欢的产品并进行推荐。

2.3.3　带领大数据进入更多行业

借助 5G 的高带宽、低时延和大容量等优势，大数据所承载的业务形式比之前更加丰富，其商业价值将得到进一步挖掘。

在 5G 时代的应用场景中，每个行业的应用都与大数据息息相关。5G 带领大数据进入更多行业，主要包括无线医疗的远程诊断、无线家庭娱乐的超高清 8K 视频和云游戏、AR/VR 的实时计算机图像渲染和建模、车联网的自动驾驶、智能控制的无线机器人云端控制、编队行驶和自动驾驶、联网无人机的专业巡检和安防、社交网络的超高清 / 全景直播、人工智能辅助头盔、城市的智能视频监控、智慧能源的馈线自动化等。

以车联网的自动驾驶为例，自动驾驶领域的企业通过采集（有时也会从别处购买）和分析道路数据、天气数据、行人行为数据等，不断强化自动驾驶汽车的应变与处理能力，从而让自动驾驶变得安全、可行。其中，5G 除了可以让自动驾驶汽车获取精准、及时的判断，还会将各种传感器、数据发送到服务器上，使服务器做出更迅捷的反应。

未来，随着 5G 的普及和发展，大数据还将进入更多的行业。到时企业的转型升级需求将越来越强烈，传统的行业也将焕发新的生命力。

2.4　"大数据 +5G" 成就智慧营销

随着技术的发展，企业可以更精准地分析用户的需求，从而制订相应的计划，调整运营方向，使智慧营销得以进一步实现。

那么，大数据、5G 等技术是如何成就智慧营销的呢？可以从 3 个方面进行说明：精准指导用户画像、驱动企业形象优化与调整、稳固快速响应系统。

2.4.1 精准指导用户画像

企业通过对用户各方面信息进行收集、分析及整合，绘制出独具特色的虚拟形象，这些虚拟形象就是用户画像，其本质是尽可能逼真地将用户特点还原出来。

早期的用户画像特别简单，区分度和可用性都比较差。随着技术的不断发展，大数据分析越来越成熟，5G 网络速度越来越快，企业能够用更短的时间捕捉到更加全面的用户行为数据，用户画像也因此变得更加精准。

一般情况下，比较典型的用户画像主要包括以下几个维度：性别、年龄、偏好、消费习惯、居住地等。当然，如果企业想让用户画像更加精准的话，还可以在上述维度的基础上继续细分，如图 2-4 所示。

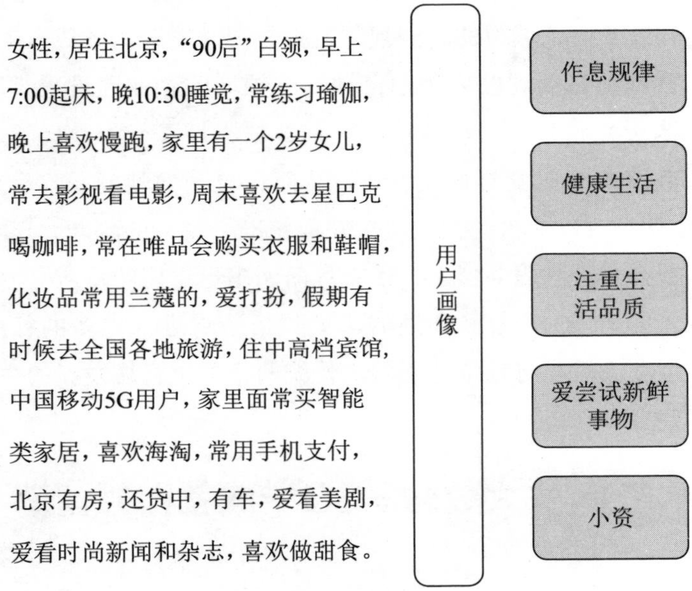

图 2-4　细分的用户画像

当 5G 出现以后，智能手机的普及率会进一步上升，企业可以获取的数据不断增多，这些都使得用户画像的细分成为可能。为了抓住 5G 和大数据带来的契机，在描绘用户画像时，企业应该做好以下几方面工作。

1. 建立用户画像方向或分类体系

给哪些用户画像？画什么样的像？为什么要画那样的像？会有什么样的画像分类和结果……这些问题并不是由大数据系统自动产生的，而是需要由企业来设定的。因此，很多企业都在应用人工与大数据系统相结合的绘制用户画像的方法，即由人工设计画像的方向和体系，然后由大数据系统来执行。这种方法既可以保证用户画像的体系化，也能增强用户画像的应用性。

2. 研究用户标签

企业在处理数据的过程中，通过制定用户标签，可以将数据进行快速分类以及快速提取。每个标签都是对用户最简洁的标准化描述，不论是员工，还是机器，都能够通过汇总标签来快速找到某个用户的偏好及特征。

3. 注重用户画像的隐私

大数据和 5G 似乎让用户"暴露"在企业面前，但企业不能借此而做一些对用户有不良影响的事情，如随意泄露用户的隐私。企业可以通过收集相关数据对用户进行分类，但绝对不可以将这些数据销售或者送给其他企业。

依托 5G 时代的海量数据，企业可以收集和分析用户的消费行为，刻画更加精准的用户画像。企业还可以根据用户的消费场景、运动轨迹、社交属性等，准确掌握用户的习惯，及时获取用户的动态，深刻洞察用户的消费趋势。这样有利于实现个性化服务和精准营销，也可以满足用户当下甚至未来的各种需求。

2.4.2　驱动企业形象优化与调整

形象对于企业和品牌来说不仅是一种识别标志，也代表着一种价值理念，因此智慧营销需要指导大数据驱动形象进行优化与调整。形象包括各种各样的内容，如企业名称、产品商标、内在价值、产品理念、服务价值等。

形象可以影响产品的定价和销售，得到大众认可的形象可以为企业的长远发展保驾护航。而事实上，因为塑造形象需要持久的付出，但短时间内很难得到收获，所以很多企业对此并没有给予足够的重视。

企业将某个产品做好，固然能够吸引用户，但往往只能在用户心中占据很低的地位，而无法引导用户使用其他产品。但打造良好的形象却能使企业在用户心中占据一个很高的地位，从而激起用户的购买欲望。我们以美妆品牌"花西子"为例，来具体讲述这种做法。

2019 年，全年销售额位列天猫彩妆前 10 名；2020 年新冠疫情期间，第一季度销售额高达 4.58 亿元（天猫旗舰店的销售额）；2020 年，被授予"国潮先锋品牌"称号……凭借着这些亮眼的成绩，花西子在用户心里留下了深刻的印象。

为了巩固成绩，花西子不断优化自身形象，通过 5G 技术和大数据洞察用户的核心需求。根据调查和数据分析结果，花西子发现，假货频出对用户来说是一大痛点。

鉴于用户追求正品的需求，花西子开始了轰轰烈烈的"打假活动"。2020 年 3 月 1 日，花西子在官方微博上发布打假"招募令"：以年薪 30 万元招募 1 位"首席打假官"。同时，花西子还配合"3·15 消费者权益日"，招募"护花官"和"护花使者"，鼓励用户通过发微博带话题的形式提供假货线索，或者分享判断真假货的科普视频。

2020 年 4 月 1 日，花西子宣布新一轮"打假活动"：继续招募"护花官"和"护花使者"，并追加 30 万元"奖金池"。此举进一步提升了用户的参与感，减少了市面上的花西子假货，维护了花西子的良好形象。

在 5G 时代，流量为王，直播带货迅猛发展，为顺应这一新趋势，花西子与直播界"顶流"之一的李佳琦合作。2019 下半年，花西子成为李佳琦直播间出现次数最多的品牌。花西子借助直播和李佳琦本人的流量红利实现了自家品牌在 5G 时代大爆发。随后，花西子与李佳琦合作拍摄广告和海报，并登上杂志界"顶流"之一的《时尚芭莎》封面。

可见，即使是出于迎合时代趋势、拥抱流量的需要，花西子也没有脱离自己的特色，一切行动都是从自身风格出发。在形象优化方面，花西子坚持以用户的需求为核心，切实帮助用户解决痛点和问题，保护用户的权益。

面对激烈的竞争和不断变化的时代，企业必须优化自身的品牌形象。在大数据的背景下，一些杂乱无序的数据被赋予了新的价值，企业可以通过整合和分析这些数据，对产品发展趋势和用户的需求做出合理预测，从而为保护与优化品牌的形象提供有力依据。

2.4.3 稳固快速响应系统

快速响应系统（Quick Response System，QRS）最初是大型企业为获取市场份额而使用的提高竞争力的工具。发展到今天，建立快速响应系统已经成为各大企业的标配。通过使用快速响应系统，企业不仅可以用更低的成本获得更高的销售额，还可以为用户提供更加优质的服务。

快速响应系统的优势已经非常明显，5G和大数据更是使这种优势得到进一步强化，具体可以从以下几个方面进行说明。

（1）5G可以改善销售终端扫描、条形码、电子数据交换等技术设备的使用情况。在快速响应系统中，这些设备是最基础也是最核心的，5G进一步提升其响应速度，使其在单位时间内完成更多工作。

（2）借助大数据，企业可以为用户提供更多个性化的产品。5G可以帮助企业实现补货的快速响应，保证对重新订购的产品进行更快运输。

（3）企业在根据销售数据制订出需求计划后，需要确保产品能及时供给到仓库。通过人员配备的5G通信设备进行及时沟通，迅速汇集资源，从而精准有效地实现补货目标。

（4）在大数据的指导下，企业可以参与到门店中产品陈列方式、补货业务及销售人员培训或激励等工作中。这样不仅有利于保证销售的正常进行，企业也可以在第一时间得到销售数据，从而实现销售环节的数据收集以及快速响应。

（5）根据销售数据和用户反馈信息，企业可以与零售商联合开发产品，突破二者之间购买与销售的业务关系，使产品的上市时间大大缩短。

由于库存量不断增加，大多数企业都希望通过改进研发、销售等流程，做出快速的响应。但需要注意的是，在实施快速响应系统时，企业需要重新设计整个信息系统、组织架构、业绩评估系统等。

2.4.4 苏宁：让数据"智能"地工作

为了适应全球发展趋势，缩小与其他企业之间的差距，苏宁会根据国内外不同的竞争环境，利用大数据调整自己的战略。如加大用户和产品、服务的接触机会，建设数据库，收集大量管理上的数据（包括用户数据、营销数据、内部管理数据、供应链数据等）。

苏宁认识到，要想打造领先品牌、建立竞争优势，必须对大数据有更进一步的认识和应用。因此，苏宁在应用大数据方面采取了 3 个行动：一是利用大数据打造购物渠道；二是建立内部智能系统；三是为用户提供智能服务。

具体落实到操作方面，首先要确定数据在企业中的指导地位，然后根据业务的特色分别升级运营、销售体系，最后根据数据汇总的用户需求，在产品维修和安装之外提供独具特色的售后服务。

此外，苏宁在大数据转型上有很多值得借鉴的方面，如图 2-5 所示。

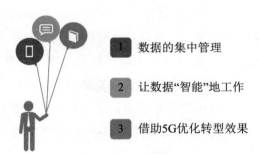

图 2-5　苏宁的大数据转型

1. 数据的集中管理

作为一个零售企业，苏宁的显著特点是交易频繁、业务分散、数据巨大。将大量的数据集中到一起，便于管理层管理及统筹全局。在转型的过程中，苏宁不断加强对不同区域数据的整理与收集，并对这些数据做了进一步细化，提升了相应的运输技术，该做法不仅解决了配送问题，还完善了物流系统。

2. 让数据"智能"地工作

苏宁通过对系统的升级，由被动地接收信息，变为主动地向用户推送信息。借助对数据关联性和趋势性的应用，苏宁实现了数据的"智能化"工作。此外，苏宁通过对数据的完善与分析，统一了内部对财务、采购和用户等数据的管理，最终实现了业务流程分散但管理不分散的目标。

3. 借助5G优化转型效果

苏宁牵头组建了 5G 生态联盟，在线上和线下打造了一个大规模的 5G 换新平台；早在 2019 年 6 月，苏宁就在上海开设了 5G 体验店，主要用它来展示 5G 应用产品和场景；同时苏宁成立了 5G 智慧零售实验室，并销售国内首款 5G 智能手机。

这些举动使苏宁的转型战略得到快速推进。在推进这些举动的过程中，苏宁不仅可以获得更多的数据，还可以促进智能电器的发展和推广。此外，5G 也可以加速数据获取，提升智能电器的使用体验，使苏宁获得更大的竞争力。

通过对苏宁转型案例的分析，企业可以看到数据和技术起到的作用。在数据规模越来越大、技术越来越先进的趋势下，企业如果能够像苏宁一样抓住机会，完善并合理使用数据和技术进行智慧营销，那么很有可能使自身发展进入一个新的阶段。

预计到 2023 年，全球联网设备将达 489 亿台，全球人口约为 80 亿，这意味着平均每一个人将配备 6 个联网设备。物联网的到来，给用户的生活和企业的营销带来了翻天覆地的变化。而且从物联网的特性来看，如果将其与 5G、大数据、人工智能、云计算等技术相结合，无疑会产生新的营销方式。

3.1　5G 与物联网的关系

5G 与物联网有着非比寻常的关系。首先，物联网是 5G 的核心应用场景；其次，5G 支撑物联网顺利落地；最后，5G 具有低延迟、高速度、大容量的特点，这些特点可以助力联网设备的大规模使用，促进物联网的进一步发展。

3.1.1　物联网是5G的核心应用场景

根据 IHS Markit 市场分析，到 2035 年，5G 将拉动超过 12 万亿美元的销售活动，并对多个产业造成极大影响。在 2020—2035 年这 15 年内，全球实际 GDP 将以 2.9% 的年平均增长率增长，其中 5G 将贡献 0.2% 的增长率。此外，5G 还会为全球创造大约 3 万亿美元的经济效益，这对于很多国家来说都是非常有利的。

从目前的情况来看，5G 的应用场景主要有 3 个：增强型移动宽带（Enhanced Mobile Broadband，eMBB）、大规模机器类通信（Massive MachineType Communication，mMTC）、低时延与高可靠通信（Ultra-reliable and Low Latency Communications，uRLLC）。

其中，eMBB 会产生大量数据，并向云端传输；mMTC 可以对万物互联这样需要大量连接和自动化灵活控制的应用场景提供核心支撑；uRLLC 借助 5G 的低时延实现微秒级响应时间，可以在无人驾驶场景和远程医疗等方面发挥作用。

上述几个应用场景都与物联网有关系，但物联网是一个非常宽泛的概念，还包括人对机器（Man to Machine，M2M）、手机、智能家居、智能制造等多个方面。当5G和物联网融合在一起之后，这些方面都可以成为5G的收入来源和落地方向。

例如，如果对M2M的流量费用进行计算，那么5G在物联网上的价值将会超过65亿美元；而如果对M2M的连接费用进行计算，那么5G在物联网上的价值还会更高，很可能达到750亿美元。

再以智能制造为例，工人只需要用手机或iPad对着设备"拍个照"，就可以看到与设备相关的数据，包括设备的内部结构、电压、温度等。这种场景已经出现在爱立信利用5G和物联网打造的无线工厂中。未来，工人将更多地从事智慧生产而不是体力劳动。

在5G的支持下，机器视觉识别、远程操控等应用场景正在不断普及。越来越"聪明伶俐"的生产线让定制化服务成为可能。例如，智能试衣镜会采集你的身高、胸围、臂长、肩宽等信息，然后将这些信息传到工厂的设备中，工人或机器人就可以据此为你生产合身的服装。

如今，物联网正在逐渐普及，受到关注的程度也越来越高，甚至已经对人类生活的许多方面产生了深刻影响。在5G大规模正式落地以后，这些变化将更加明显。而物联网与5G也可以在多个产业产生百亿美元级别的价值。

3.1.2　5G支撑物联网顺利落地

在物联网的带动下，数据流量和联网设备都会大幅度增加。根据Juniper Research的预测，到2030年，全球联网设备数量将超过1000亿台。

不过，传统基站无法承载如此大规模的联网设备，也无法满足用户对带宽体验的高要求。因此，在物联网环境下，网络必须具备一定的智能性，同时还要有极低的时延，以及极大的容量，这样才可以适应时代的发展。

以车联网为例，为了充分保障自动驾驶的安全性，汽车与汽车之间、汽车与云端之间的时延必须控制在5ms（毫秒）以内。此外，当交通发生堵塞或者大量节点共享有限频谱资源时，传输的可靠性和安全性也要得到保障。

随着物联网的发展，4G 的网络技术已经无法满足流量速率、网络延迟等方面的高要求，但是自从 5G 出现以后，这样的情况已经得到很大程度的改善。对于物联网来说，5G 是非常重要的支撑和动力，其对网络技术的进一步升级使"万物互联"成为可能。

借助超密集组网、天线阵列、全频谱接入、新型多址等多项关键技术，5G 可以满足各种物联网场景下的个性化要求。通过用户体验速率、连接数密度、端到端时延、流量密度、移动性与用户峰值速率等多个核心指标（如表 3-1 所示），5G 可以推动物联网顺利落地。

表 3-1　5G 的核心指标

核 心 指 标	取　　　值	定　　　义
用户体验速率	0.1Gbps 至 1Gbps	真实网络环境用户可以获得的最低传输速率
连接数密度	大约 $10^6/km^2$	单位面积上支撑的在线设备总和
端到端时延	空口 1ms	数据包从源节点开始传输到被目的地节点正常接收的时间
移动性	500km/h	满足一定性能要求时，收发双方的最大相对移动速度
峰值速率	10Gbps ～ 50Gbps	单个用户可获得的最高传输速率
流量密度	数 +Tbps/km²	单位面积区域内的总流量
能效	50 至 100 倍以上（比 4G）	与网络能量消耗对应的信息传输总量以及设备电池寿命
频谱效率	5 倍提升（比 4G）	单位频谱资源提供的数据吞吐量

在 5G 的覆盖下，包括电视、冰箱、家庭监控、空调、门锁在内的智能家居设备都可以联网，我们只需要手机或 iPad 就可以对自己房间的情况了如指掌。而在日常的通勤、信息获取等方面，5G 也可以发挥作用，即通过高效、快速地传输，让我们在最短的时间内查询到所需要的资料，帮助我们避免不必要的麻烦。

并且 5G 的发展还可以促进人工智能和大数据的进步，从而使企业变得更智能、更高效。对于企业来说，通过基于 5G 的自动化运作解决问题，不仅可以节省人力，还可以提高工作效率。未来，物与物的连接、物与网的连接、人与网的连接都将成为现实。

为了推动 5G 与物联网的融合发展，中国移动接连做了大规模部署，构建了"云、网、边、端"一体化的服务体系，坚持为垂直领域（如芯片模组、开放平台、智能硬件等）赋能，并积极打造商业新生态，进一步提升物联网质量。

得益于 5G 的发展和应用，物联网将拥有更广阔的市场前景，以中国移动为代表的企业也将继续打造成功案例。例如深圳市鹏城农夫光明葡萄园是和而泰"C-Life 智慧农业"的示范基地之一，现在那里的农民已经由原来的每天巡园，变成通过手机和 iPad 来进行巡园。

与 4G 相比，5G 有非常明显的优势，如速度更快、时延更低等。从物联网的角度来看，5G 更是解决了 4G 无法支持物联网及其相关垂直应用的问题。有了 5G 的支撑，物联网可以在更多场景下得到有效应用，"万物互联"指日可待。

3.2 物联网下的智慧营销

在智慧营销中，物联网、大数据等实体技术可以发挥很大的作用。物联网为智慧营销带去了新的变化。从企业的角度来看，物联网可以提高企业的生产和销售效率，帮助企业为用户提供更优质的服务；从行业的角度来看，物联网可以帮助传统行业转型升级。

3.2.1　C2B模式的5个视角

马云曾预测说，过去企业生产基本上以"企业到消费者（Business To Customer，B2C）"模式为主，即企业自己制定标准，而未来必须是"消费者到企业（Customer to Business，C2B）"模式，即根据用户需求进行大规模、柔性化、个性化定制生产。

确实，纵观阿迪达斯、ZARA 等知名企业，都已经引用了 C2B 这一新的生产模式。那么，究竟何为 C2B 模式呢？简单来讲就是，先由用户提出自己的需求，后由企业根据需求进行生产。在认识 C2B 模式时，还可以从以下 5 个视角着手。

（1）从工业 4.0 视角看，C2B 模式是智能制造的逻辑起点。

（2）从技术路径视角看，C2B 模式实现了数据流动的自动化。

（3）从组织变革视角看，C2B 模式将组织转变为自组织。

（4）从市场竞争视角看，C2B 模式是万物互联时代企业的新型能力。

（5）从经济理论视角看，C2B 模式是基于数据资产通用性的范围经济。

C2B 模式的关键在于如何快速响应每一个用户的需求，这需要组织上的变革。"企业能力平台＋自组织"正在成为万物互联时代的一种全新组织模式，在这种模式下，企业内部可以根据需要自动组建新的团队、自动配置各类资源、自动优化调整运行机制。

C2B 模式正在变得越来越重要，对于企业来说，要想尽快实现转型升级，就必须采用 C2B 模式。在这方面，尚品宅配就做得非常出色。

尚品宅配是一家依托于高科技的家具企业，其主要采用的就是"线上到线下"模式。在采用这样的模式之后，尚品宅配的整个流程就被分为以下几个。

（1）在新居网（尚品宅配的官方网站）中，有上万套由专业设计师亲自设计的家居解决方案。用户可以根据自己户型图的房间形状、房门位置、窗户位置等，从这些家居解决方案中选出一个最满意的。此外，尚品宅配还引入了三维虚拟实况技术，使用户能够看到家具的实际展示情况，从而极大地提升了用户的消费体验。

（2）选好自己满意的方案之后，用户可以在线上预约设计师免费上门量尺寸，设计一套完美的家具设计方案。

（3）家具方案设计好以后，尚品宅配就会通知用户到店看设计效果图，并确定最终的方案。

（4）如果上述流程都没有问题的话，尚品宅配就会和用户签订合同，然后再把家具图纸送到工厂开始生产。

（5）家具生产好以后，尚品宅配派安装服务团队到用户家里进行安装。

在"线上到线下"模式的支持下，尚品宅配每天可以处理数以千计的订单，生产效率达到了传统模式的 8～10 倍，材料利用率也提升到 93%，远远超过行业的平均水平。而且尚品宅配还实现了"零库存"，将产品价格下跌和库存占用流动资金的风险降到了最低。

从尚品宅配的案例来看，新型模式不仅可以提高产品的生产效率，还可以助力"零库存"的实现，从而最大限度地减少产品浪费。

3.2.2　借RFID突破全链条禁锢

在与智慧营销有关的实体技术中，物联网是非常重要的一个。如果认真观察的话，就会发现每个产品上都有一个独一无二的编码，因此通常会被称为"物联网化产品"或者"物联网消费品"。

一般情况下，这些独一无二的编码是通过某些技术被附在产品包装上的，如射频芯片（以标签的形式附着在产品的外部或内部）、二维码（直接印在产品包装上）、近场通信（隐藏在产品内部，肉眼不可以看见）和数字矩阵（伴随二维码实现更高层次的应用）。

无线射频识别（Radio Frequency Identification，RFID）技术与产品的编码息息相关。从专业角度来讲，RFID 可以对目标对象进行自动识别，并获取某些重要数据。在该项技术的助力下，企业可以了解并掌握产品各环节的详细信息，以此来实现产品管理的可视化和自动化。此外，RFID 可以帮助企业提升库存管理能力，还可以帮助高层工作人员预测市场，从而对生产和销售计划做出及时的调整。

引入该项技术以后，企业的产品销售数量和产品销售额都会有所增加。这一点也有不少案例可以验证，海澜之家就是其中极具代表性的一个。

海澜之家很早就开始在各大门店内使用 RFID。对于海澜之家而言，人工操作容易出现错装、漏装、多装等情况，这就需要工作人员在收货时进行一一核对。虽然海澜之家对流水线上的每位工人进行了细致分工，不断简化各道工序，以提高运行效率和准确率，但一个熟练工人每秒钟也仅能扫码一到两件服装。

RFID 的应用令海澜之家出现了不少喜人的变化，主要表现在，工人数量减少到原来的 1/3、工作效率提高到原来的 5～14 倍。正因为如此，海澜之家也顺利成为国内第一家大规模应用 RFID 的服装企业。

实际上，除了海澜之家以外，国际知名品牌 Prada 也成功引入了 RFID。Prada 试衣间前的智能屏幕，可以自动识别每件衣服上的 RFID 芯片，识别以后，模特穿着这件衣服走秀的视频就会在屏幕上自动播放，进而使用户对衣服产生极大的兴趣和购买欲望。

另外，通过 RFID 等先进技术，Prada 总部还可以掌握衣服被拿的次数、用户试穿衣服的时间、衣服是否被购买等信息，并对这些信息进行深层次的分析和利用。在引入先进技术以后，Prada 的总体销售量提升了 30%，用户的购物体验也得到了极大优化。

通过海澜之家和 Prada 的案例，我们其实不难看出 RFID 对企业的助益。不过，需要说明的是，RFID 虽然有多方面优势，但要使其充分发挥出来却并不简单，必须得依靠产业链上下游的通力合作。这种情况，就需要设备商、零售商、软硬件集成商等的积极参与。

如今，随着技术的发展和竞争力的不断提高，中国不仅成为 RFID 应用的前沿阵地，还成为世界上 RFID 落地最为广泛的国家之一。由此来看，在引入 RFID 方面，中国的企业有着非常显著的优势。

3.2.3　产品与供应链管理

产品和供应链的管理也是智慧营销的重要环节。以生鲜行业为例，在 5G 的支持下，大数据对供应链的重构起到了重要作用，从而使商家能够真正为用户提供"不卖隔夜菜"和"线上购买，30 分钟送达"的优质消费体验。

用户对生鲜产品的时效性要求较高，而传统农产品市场分布较为分散，产品标准化程度低，很难满足用户的需要。生鲜产品分销环节耗损较大、冷链配送成本高、品种不够齐全等，都成为生鲜消费的痛点。

盒马鲜生通过对产品与供应链的管理解决了上述痛点。盒马鲜生作为国内起步较早的生鲜配送品牌，已经基本覆盖了用户日常所需的菜、肉、蛋、奶四大类消费品，为用户带来了全新的消费体验。

盒马鲜生通过供应链各环节的联动配合和果蔬基地的建设，保证了自身对物流的强大支撑。与传统的生鲜超市不同，盒马鲜生通过大数据和智能物联网以及自动化设备的运用，保证了人员、货物、场景三者之间的顺利匹配，并且在仓储、供应和配送 3 个方面都建设有完整的技术体系，为用户提供满意的产品。

可见，智能物联网可以带来整个供应链的智能化升级及效率提升，进而实现企业的自动化升级。在 2019 年的"双 11"期间，京东在供应链方面取得了巨大成就：92% 的自营订单实现 24 小时送达。它是如何做到的呢？

原来在 2019 年的"双 11"期间，京东启动了 25 座"亚洲一号"智能仓、70 多个无人仓以及大量的分拣中心，这大大提升了订单处理效率，使订单日处理量超过 100 万。对于京东来说，数字化供应链是物联网的最佳入口。为了把控好这个入口，京东已经和三大运营商就 5G 在物流领域的应用进行了战略合作。

在京东，大多数"亚洲一号"智能仓已经覆盖了 5G 信号，首个 5G 物流园区也在北京完成部署。之后，京东会把 5G 应用到更多场景中，如园区、智能仓、物流枢纽、交通枢纽等，进而使包裹、场地、车辆、人员、设备形成高效、一体化的连接。

在部署"5G+物联网+供应链"的过程中，企业除了可以借鉴京东的经验，还需要为联网设备预留接入口，以获取来自产品的信息。例如通过全球定位系统（Global Positioning System，GPS）进行车辆在途管理、通过门禁设备提升产品和车辆的出入效率、通过温控设备监测产品在途温度等。

未来，在 5G 的推动下，物联网将实现更大范围、更深层次的互联。总之，5G 时代的到来能够进一步提高企业的产品和供应链的管理效率，人工智能和联网设备的引入也让用户体验到更加便捷和优质的服务。

3.2.4　根据数据及周围环境做投放

在物联网时代，当智能设备和用户发生连接以后，用户的行为都会以数据的方式呈现出来，这些数据会被智能设备收集、检测和分析。未来，物联网会越来越个性化，营销人员和企业可以根据收集到的数据对用户进行更加精准的广告投放。

正因为如此，营销和服务将被彻底颠覆，"一对一"式的完美体验会真正落到用户身上。而且广告也不会再受到时间、空间、受众选择等方面的限制,这一点可以从两个角度来理解:大数据营销和精准广告投放。

大数据营销是指依托于多平台的大量数据与大数据分析,应用于各个行业的营销手段。大数据营销的核心在于,在合适的时间,通过合适的载体,以合适的方式,将广告投放给合适的用户,从而给企业带来高回报;精准广告投放要选择特定的目标用户和区域,采用文字、图片或视频3种形式,准确地将广告投放给用户。

海量的数据分析能精准地判断用户属性和行为模式,使广告投放有清晰的目标和实现的基础。

惠普商用打印机营销的成功正是由于广告的精准投放,有效激发了用户的购买行为。

借助"京腾智慧",腾讯将单一用户的娱乐、社交、资讯等数据,与电商购物数据完整对接,为惠普挖掘匹配了160万潜在购买人群。在潜在购买人群比较多的平台,惠普根据用户的习惯,以原生广告的形式实现与用户的对接,用户点击广告后,就被无缝引流至电商网站,一键完成购买。

惠普提供的数据显示,此次广告的点击率超行业均值3.7倍,为惠普带来了产品浏览量和销量的双重增长,实现了从数据及营销信息到购买行为之间的无缝对接。

广告精准投放的一个重要因素是用户画像。积累的数据越多,机器学习与预测模型越成熟准确,广告的投放就越精准。目前,一些原生广告平台不但能通过地域、设备类型、系统类型、网络类型等基础定向、精准地投放广告,还可以通过为移动APP设置大量偏好标签来进一步优化广告投放的效果。

利用大数据精准投放广告的前提是对用户做标签属性的分类处理,最常见的方法是通过IP或浏览、搜索行为的整合来对用户进行判断。例如一位用户在一段时间内搜索过母婴产品,广告营销平台就会默认这位用户在一段时间内对母婴产品有需求。

精准投放,强调广告的本质,即对正确的人,以正确的方式,展示正确的内容。这3个"正确"是保障广告效果的核心。以往我们通过问卷调查的方式探知并把握用户需求,进行市场预判,通过大众媒体实现全面覆盖。新的营销框架以大数据技术为基础,精细化管理广告投放,从而为准确实现 3 个"正确"带来可能。

如何找到正确的人？在现实生活中，每个人都是有个性、有体貌、有姓名、有性格的个体，通过这些特征，我们能对其进行准确识别；在网络世界中，每一个用户都被标签化，即通过大数据技术将其姓名、年龄、性别、生日、喜好、经历等属性以及其他属性结合在一起，塑造出一个能够识别的虚拟用户，这个虚拟用户与现实生活一一对应。

物联网时代，广告不再是被简单地传递给用户，我们要通过大数据分析，进行有依据的预测，根据个体的喜好和要求，专门为其量身定制广告。物联网下的数据分析可以为碎片化的广告市场带来更精准、更客观的测量，让广告变得聪明、精准，让广告主和企业获得有效的价值传播。

3.3 5G 助力"物联网 + 智慧营销"

2019 年是 5G"元年"，5G 和"物联网 + 智慧营销"的结合将为企业带来明显改变。例如传感器的发展帮助企业实现了无缝销售，使用户获得了前所未有的购物体验；无人机成为企业新宠，为智慧营销增添动力。

3.3.1 利用传感器实现无缝体验

传感器是智慧营销中的重要技术之一，该技术可以使企业的个性化生产得到提高。例如将信息直接连接至控制中心，通过强大的计算平台对数据、生产过程进行计算和监控，以大幅度优化产品的质量和营销的效果。

传感器的优势在于将大规模运算转移到云控制中心，这大大减少了对硬件的损耗，并且 5G 低时延和广覆盖的特性也有利于提升传感器的效率。

传感器最理想的网络支撑就是 5G，因为 5G 的网络切片技术可以支撑端到端的信息传递，而仅有 1 毫秒的时延也能有效保证信息传递的有效性。

目前，已经有一些企业对传感器进行了研究，例如苹果不断优化

iPhone 的传感器，希望为用户打造更完美、更便捷的体验。iPhone X 开创了刘海全面屏设计的潮流，同时将 Touch ID（指纹解锁）转换为全新的 Face ID（面容解锁）。

在 iPhone X 的刘海中，隐藏着大量的传感器和 TrueDepth 系统，这是让用户迅速打开手机的重要技术。为了让更多的用户使用新型号的 iPhone，苹果方面积极研究全新的脸部识别传感器。如果研究顺利的话，红外镜头和前置摄像头就可以结合在一起，刘海所占的空间也会更小，用户将获得更优质的使用体验。

苹果新款手机 iPhone12 将支持 5G。作为一个专注于技术的企业，苹果已经对传感器进行了优化，以便使传感器可以符合 5G 的运行速度。由此可见，在新技术的推动下，企业会想方设法在较短时间内推出更满足用户需求的个性化产品，进而促进后期的产品推广和销售。

2020 年 5 月，不甘于落后的小米在的不断技术积累和支持下，推出了全球第一台 5G 客厅智慧屏——21Face 智慧屏（5G 版），该产品拥有以下四大撒手锏。

（1）分辨率达到 8K，色域覆盖率高达 143%，可以带来更真的显示效果，给用户身临其境的极致体验。

（2）搭载 5G 网络，借助强大的云端算力与存储能力，使云游戏、云 APP 等新生态走向普通用户。

（3）带来用户与屏幕的直接互动。21Face 智慧屏（5G 版）通过 3D 互动传感器和距离传感器实现隔空操控，让用户挥挥手就可以与屏幕进行互动，遥控器将因此而成为摆设。

（4）在强大的算力支持下，21Face 智慧屏（5G 版）不再只是一个电视，而是可以全面替代机顶盒、路由器、网关（协议转换器）等设备的产品。该产品内置的 One Touch（一键组网）更是可以让用户轻松感受到 5G 下的万物互联。

面对已经到来的 5G 时代，以苹果和小米为首的企业借助自己的实践经验和技术积累，不断创新，将 5G、物联网和传感器融合在一起，实现了用户的极致体验。这些技术的大规模应用，使体验升级和深层互动成为可能，而且还能够进一步提高企业的智能化和自动化水平，帮助企业及时洞察用户需求，研发更受用户欢迎的产品，进而推动智慧营销的实现。

3.3.2　无人机营销大行其道

随着 5G 的发展，无人机在很多行业得到了非常广泛的应用。由于这些行业需要借助专业化的无人机进行市场细分和不断优化，才能形成新的格局，所以各大企业都在积极地筹备新一轮的竞争。

目前，无人机主要应用在航拍领域，国内的很多综艺节目，例如《爸爸去哪儿》《快乐大本营》等，以及国外的知名电影《荒野猎人》《奇幻森林》等，都离不开无人机的支持和帮助。

在 5G 时代，无人机的社交属性会越来越明显，这就为其成为企业进行营销的新工具提供了可能。例如企业可以通过无人机拍摄产品照片或者品牌照片，然后将照片导出并在微博、微信等社交平台上分享，这样的照片更容易引起用户的兴趣。

未来，企业甚至可以在无人机飞行的同时，直接通过手机将其拍摄到的照片实时传播到网上与用户分享，而且还可以配上一些宣传文案，从而提升营销的效果，促进产品的销售。在利用直播进行营销时，5G 和无人机也可以发挥作用。

无人机的高清直播可以提供从空中俯瞰的实时画面，为用户近距离观察产品提供了极大便利。尤其一些大型产品，更是需要这样的高清直播。另外，无人机还可以把企业的外部面貌、内部陈列实时传送到商业街的电子屏幕上，以便企业进行更有效果的宣传。

现在，一些企业采用专业级的航拍无人机，实现了 1080P 30 帧的高清直播，并通过与之相连的 5G 终端，将画面传送到相应的位置上，供用户观赏。

在 VR 直播方面，无人机可以通过 360 度全景相机进行视频拍摄，然后连入 5G 网络的智能设备会将画面通过上行链路传送到流媒体服务器中，用户再借助 VR 眼镜从该服务器观看。这个过程对传送速度与传送质量的要求极高，目前只有 5G 可以满足。

当 5G 让照片传播和画面传送变得更稳定、更迅速时，无人机在各行各业的应用会越来越广泛。现在和未来的一段时间内，都可能会出现基于无人机的营销策略和营销手段。因此，企业需要在把握自身产品的同时，描绘利用无人机进行营销的蓝图，尽力把品牌做大做强。

3.3.3 通过数据规避消费风险

5G 实现了数据的共享，有效避免了用户购买产品后发现产品与需求不一致的风险。例如用户想要购买一套包括餐桌、餐椅的餐厅家具，但整个过程较为烦琐，需要用户确定摆放位置、测量尺寸、选择搭配，而5G 的应用可以帮助用户解决这一难题。

用户只需在 5G 网络下在线查询该款餐厅套装的规格，就可以直接将餐桌、餐椅的 3D 投影投射到真实的家居环境中，轻松确定餐桌、餐椅的尺寸、风格和家庭空间的匹配，从而避免了到货后产品和整体家居不匹配而不得不退货的麻烦。

除了 5G 以外，未来物联网也将得到普及，用户可以在网上进行产品浏览以及虚拟使用，节省了挑选产品的时间。通过物联网，再辅以数据，企业也可以达到规避风险的目的。例如星巴克就通过地理信息系统（Geographic Information System，GIS）进行选址工作，以防止出现因为开店地点不好而影响咖啡销量的情况。

利用 GIS 对各种数据，如人（汽车）流量、消费群体分布、商业构成、交通发达程度等进行自动比对分析，星巴克的选址成本被大大降低。星巴克如果要在中国开设门店，其团队就会使用 GIS，让当地的合作伙伴评估附近的零售商圈、公共交通站以及人口分布情况。

对于星巴克来说，这些数据还有其他用途。例如利用人口分布情况和智能手机保有量，决定在哪些地区推广 APP 优惠活动。这样有利于扩大 APP 优惠活动的受众范围，避免遭遇参与人数极少的窘境，也可以让更有需要、更有条件的受众享受到福利。

星巴克甚至会通过气象数据来预测近期是否会出现高温天气，然后据此决定星冰乐的促销时间。它还会整合和应用数据源，以使数据发挥更大的价值。5G 时代，星巴克获取的数据会更多，它能做出的创新和营销策略也非常值得期待。

综上所述，5G 与物联网满足了用户和企业的需求。用户节省了挑选产品的时间，也以更精准的购物模式获得了优质的消费体验。同时，数据的应用也为企业的营销提供了便利，不仅提高了其产品销量，而且使其避免了不必要的损失。

人工智能是一项新的技术，主要作用是模拟、延伸以及扩展人的智能。目前，关于该项技术的研究主要集中在语言识别、图像识别、专家系统等领域。

在即将到来的 5G 时代，5G 和人工智能相结合势必给智慧营销带来更多新的变化，例如全渠道、智能化战略以及智能语音助手等。

4.1 人工智能改变智慧营销

人工智能与智慧营销的结合使二者的应用场景更加多样化，未来，趋势或常见事件会被迅速识别，企业可以据此进行战略布局。例如为了迎合时代潮流，让用户享受更加完美的服务，小米不仅打造了"智能生态营销"和全场景关系链，还利用标签和算法的融合，实现了与用户的"零距离"接触，真正走进了用户的心里。

4.1.1 深度学习：识别趋势或常见事件

在企业中，智能化的关系可以用"金字塔模型"来表示，由下到上分别是数据化层、信息化层、智能化层和深度学习层，即由浅入深，由基础到应用，逐层升级。

其中，信息化层的基础是可靠并且准确的数据；智能化层的基础是可靠、准确、海量的数据。不仅如此，智能化层还会并行地对不同信息系统进行二次加工，然后作出矩阵式的分析，从而形成智能化的结果。

至于"金字塔模型"中顶层的"深度学习"，则是以海量数据、大量信息子系统、智能化为基础进行的神经网络式分析计算，可以看作智能化的升级版。借助"深度学习"，企业可以更好地控制、调整各项工作。

以营销为例，"深度学习"可以把海量的数据以及优秀营销人员的经验融合在一起，然后识别出市场趋势或常见事件，并在此基础上为企业提供有效的营销依据。此外，深度学习还可以对营销中可能出现的问题进行预测，帮助企业做好防范工作。

从目前的情况来看，营销应该是深度学习和人工智能可以对现有流程产生明显作用的领域。我们可以简单地将其总结为一个特定场景：在掌握需求的情况下，为用户找到最心仪的产品和广告。

对所有已经看见的广告，用户到底会产生怎样的行为，是喜欢它、点击它，还是直接忽略它，这些行为分别有多大的概率，等等，都是典型的深度学习问题。在这个问题上，阿里妈妈已经取得了非常不错的进展，其中最具突破性的两个核心是认知和记忆。

不仅如此，在判断层面（如信息理解、图像分类识别等），阿里妈妈也在不断拓展。而且通过阿里妈妈的不断努力，基于图像分类识别的深度学习已经接近甚至超过人类的水平，这些都对营销产生了重要影响。

将深度学习融入企业的营销场景中，很多营销环节（如智能定价、智能预测、智能分析、智能创意、智能投放等）都可以得到支撑和优化。这不仅可以保证营销的准确性，也可以大幅度提升营销的效果。

不过深度学习有一个无法跨越的问题——时间。我们要想让一个智能设备的功能达到预期水平，就必须花费一定的时间使其进行深度学习，这个时间的长短通常取决于硬件的配置。硬件的配置好，或许只需要半个月；硬件的配置不好，那就可能需要一到两个月。

而且当算法越来越复杂时，智能设备的预期功能也变得更个性化、多样化，所需要的时间还会延长。在这种情况下，至少是"矿机"级别的硬件才可以达到深度学习的标准。随着5G的发展，深度学习的时间问题或许可以得到解决。

借助5G，深度学习的规模将有所扩大，智能设备达到预期功能的时间也会进一步缩短。那么此时企业就可以让第三方机构负责智能设备的深度学习，等到取得初步成果后再由自己完成最后的核心部分。这样不仅可以极大地节省时间和成本，也可以使企业去设计出更多更符合用户需求的产品，让营销变得更有"智慧"。

4.1.2　人工智能推动零售升级

以前，如果企业想在线下开设门店，需要考虑选址、面积、租金、人群覆盖率、客流量等诸多问题。而现在，企业可以根据大数据、人工智能等先进技术对这些问题进行更加精准的判断，从而推动零售的升级。

阿里巴巴曾经推出技术感超强的"淘咖啡"。用户首次进入门店，只需要打开手机淘宝，扫码获得电子入场券，然后签署数据使用、隐私保护声明、支付宝代扣协议等条款，再通过闸机，就可以自由购物。购物结束要离开时，用户只需要通过一扇结算门，智能系统就会自动把所有的购物费用从用户的支付宝里扣除。

此外，亚马逊的无人实体门店 AmazonGo，采用计算机视觉技术、深度学习以及传感器融合等技术，省去了传统柜台收银结账的烦琐过程。在 AmazonGo 里，用户只需要下载亚马逊的购物 APP，在入口完成扫码，就可以开始购物；当用户离开后，系统会自动根据消费情况在其个人的亚马逊账户上结账。

日本某零售门店通过"智客"系统（中科创达旗下的智慧门店解决方案，致力于帮助企业实现基于大数据、5G、人工智能的自动化转型和商业升级）进行客流分析，重新调整销售人员的排班计划，使人力成本降低了 5%，整体利润增加了 25%。

北京热门商圈的一个零售门店同样引入了"智客"系统来进行会员的实时识别，并根据会员的身份和消费习惯为销售人员提供营销策略。借助"智客"系统，该门店每月的平均销售额提升了 25%，整体利润也比之前增长了 10%。

对于企业来说，人工智能和深度学习可以模仿用户的轨迹，知道用户进门后会先看哪儿，后看哪儿，在什么地方停留的时间最长。模仿了这些轨迹之后，企业就可以进行精准的预测。通过这些精准的预测，企业就能知道下一个用户来的时候会是什么样子。

在"零售+人工智能"的模式下，购物方式正在变得多元化，用户也能获得更多感官上的体验。人工智能不仅满足了用户在消费方面的需求，也帮助传统企业走向智能化，实现快速崛起。

虽然传统企业积累了大量的数据，如用户的购物喜好、购物方式、购买产品销量排行、消费场景等，但这些数据之间是孤立存在的。自从人工智能出现以后，这些数据就被融合在一起，同时还实现了结构化。此外，人工智能还帮助企业精准细分目标群体，从而提高其生产经营的效率。

例如在数据方面，阿里巴巴获得了支付宝、口碑的支持，后来又入股银泰、三江购物等企业，已经拥有全场景、多元化的数据。而京东作为电商领域的佼佼者，拥有大量精准的产品数据，尤其是与品牌商之间共享的产能、库存数据。

如今，人工智能的优势已经显露出来，很多商业巨头开始运用该项技术为自己服务，并借此成为智能零售领域中的研究者和实践者。不过，无论是哪种企业，智能零售的目的都是通过人工智能实现产品和用户之间的匹配，以及企业产能和社会需求之间的匹配。

4.1.3　小米：将标签与算法深度融合

如今，互联网巨头基本上都有自己的营销模式，但是小米却与众不同。小米主要通过硬件获客，将获客的成本大大降低。在人工智能时代，其优势开始逐渐显现出来。小米打造出"智能生态营销"体系，涉及手环、VR眼镜等智能硬件，致力于全场景融入用户的生活。这样的体系可以获得用户更多的注意，而且还不会过于干扰用户的行为轨迹，并可以推动营销活动实际效果的转化。

此外，小米还将标签、算法、数据应用到了极致。例如在用户允许的情况下，很多提醒和通知都会出现在用户的手机上，包括肯德基的早餐提醒、麦当劳的新产品上市通知等。通过"智能生态营销"体系内用户产生的数据，小米可以将用户的行为变成标签，然后再根据标签向用户推荐广告，实现广告与场景的深度融合。

在投放广告时，小米会对用户的浏览行为和相关信息进行采集，并通过各种维度的标签将用户分类。这样小米就可以根据平台的受众选择将广告投放到哪个平台上。随着5G的发展，小米将拥有更多维度的标签，这使其在信息获取和信息表达方面具备很大优势。

在信息获取方面，小米可以利用智能设备捕捉用户的眼神、肢体动作、面部表情等，再通过强大的算法对这些之前没有用处的信息进行分析，从而使营销更精准、更有效。在信息表达方面，小米借助5G突破了屏幕对信息表达的限制。电视屏幕、冰箱屏幕、空调屏幕，甚至微波炉屏幕，都可以成为表达信息的介质。

对于小米来说，智能设备和 5G 使其产品、品牌在整个生态中大范围曝光，信息触达以及与用户交流的机会也进一步增多。当然，创新价值也是小米的优势。过去，小米的很多广告都是标准化的，但是在引入 5G 和人工智能之后，其广告内容和形式就变为无限的定制化了。

小米的营销策略虽然花样百出，不过核心只有一个，那就是用户体验。小米致力于将用户体验做到最好，这使其"智能生态营销"变得越来越成熟，信息获取和信息表达也得以创新。在人工智能的助力下，小米不仅拥有系统级别、软硬件兼顾的被动数据，还能通过线上数据分析与线下调研反馈，进一步挖掘用户的心智数据。

当被动数据和心智数据结合在一起以后，一个亿万量级的工程正式形成。通过算法之间的相互关联，小米打造出了一条全场景关系链。在智慧营销时代，小米借助"智能生态营销"和全场景关系链，利用标签和算法的融合，取得了巨大成功。

4.2 人工智能应用于智慧营销

最近几年，随着技术的不断进步，智慧营销的发展也越来越快。在这种情况下，各大企业纷纷以人工智能为依托，通过大数据、深度学习、自然语言处理、云计算等前沿技术，对整个营销过程进行升级和改造。随着人工智能时代的到来，技术进步逆向牵引营销变革，企业迎来了前所未有的机遇与挑战。

4.2.1 对话式人工智能——聊天机器人

随着时代的发展，服务渠道比之前更加丰富，不少用户已经不喜欢用打电话或者发邮件的方式来解决问题。在这种情况下，智能化工具的参与就非常有必要。

与人类不同，智能化工具不会生气，不会感到疲倦，也不需要休假以及情感的关怀，更不会因为工作做得不开心就突然离职。在一系列智能化工具中，聊天机器人是非常重要的一个，它可以帮助企业尽快实现智慧营销的转型升级。

美国电商巨头 eBay 旗下有一个名为 ShopBot 的聊天机器人。在 ShopBot 的助力下，用户可以用最短的时间找到自己想要且实惠的产品。自从 ShopBot 被正式推出以后，用户便可以在 eBay 上获得更加优质的消费体验。eBay 方面透露，ShopBot 是以 Facebook 的聊天机器人平台为基础开发出来的。

通过与 ShopBot 进行对话，用户可以完成很多事情，例如查天气、订外卖、找饭店等。如今，eBay 的 ShopBot 已经正式投入使用，在使用的时候，用户可以登录自己的账号，也可以在 Facebook Messenger 内搜索"eBay ShopBot"，具体的使用方法如下。

进入 ShopBot 的界面以后，用户可以通过语音输入的方式说："我正在寻找一个 80 美元以下的 Herschel 品牌的黑色书包。"说完以后，界面就会出现一个或者一些符合条件的书包，如图 4-1 所示。

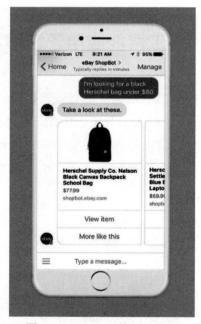

图 4-1　ShopBot 的聊天界面

这样的话，用户就可以非常简单、快速地找到自己想要购买的产品，从而大幅度提升了购物体验。其实，ShopBot 的推出也在一定程度上表明，eBay 已经开始朝着自然语言处理、计算机视觉等与人工智能息息相关的技术领域进军。

此外，eBay 收购了以色列计算机视觉企业 Corrigon，其主要目的是摆脱对人工的过度依赖，实行产品照片分类的自动化和智能化。不仅如此，eBay 还收购了机器学习团队 ExpertMaker、数据分析企业 SalesPredict 等，希望可以借此提升自己的技术实力。

在上述一系列策略的助力下，eBay 的自动化和智能化已经获得了非常迅猛的发展，这不仅有利于提升用户在 eBay 的购物体验，还有利于优化 eBay 的服务质量和服务效果，从而吸引越来越多的新用户。

4.2.2 预测性的智能服务

在营销的过程中，企业很可能会遇到难以解决的问题，这个时候营销负责人应该根据什么来进行抉择？直觉？还是与他人交谈？这些方法可能会带来正确的答案，但有效性非常有限，而且相比客观的数据来说不够真实。

如今，借助先进技术，企业可以提前洞察市场，了解用户需求，从而进一步改进产品。以大数据为例，人工智能时代下的大数据，能够在千万级用户需求的基础上提升设计的精准度，这在量级和深度上补充了小数据的不足。海量的数据背后，隐藏的是用户的行为习惯和喜好，企业可以利用、挖掘、分析这些数据，设计更符合用户需求的产品和服务。

IBM（国际商用机器企业）是全球几大提供信息技术和业务解决方案服务的企业之一，该企业非常重视计算、精确、功能等理性因素。在移动互联网和以用户体验为中心的当下，用户需求发生了质的转变，体验设计和个性化正在推动 IBM 的产品开发和数字化互动。

目前，IBM 在全球拥有 20 多个工作室，超过 1000 名设计师。IBM 成立这些工作室的初衷是将设计融入工作的方方面面，从而彻底改变整个工作模式。

在工作和娱乐的过程中，人们通过手机就能接触许多非常好的产品，所以设计也要本着以用户体验为中心的理念开展。

在 IBM 的工作室中，顾问、研究人员、社交专家、媒体专家和设计师聚集在一起，大家密切协作，共同研究产品。这样的做法可以融合不同人的能力，通过互动把设计思维与 IBM 在大数据、云计算、移动和社交等方面的专长集成在一起。

　　一个航空企业收集了很多关于乘客的数据，例如飞行的频率、常往目的地，甚至是旅行途中的购买清单等。基于这些数据和 IBM 的分析技术，该企业为乘客设计了一款定制应用。在这个过程中，大数据是基础，企业扮演了集成的角色。

　　在 IBM 的思维中，至关重要的一点是同理心，即要知道用户有什么问题、面对什么挑战，或者想要抓住什么机会。基于这些理解和直观的数据，IBM 可以快速生成一些想法，并在用户中进行测试，寻求反馈，然后根据反馈不断优化产品。

　　传统企业通常只从用户需求和痛点出发。例如在设计产品时，以解决用户的某些需求为核心，然后由研发部门选择原材料并进行成本评估，最终以某种方式推向市场。现在，大数据和人工智能可以帮助企业快速研究市场。与此同时，企业还可以借助检索工具，作出价格与销量的分析图，以弱化产品价格的被动性。

　　通过大数据和人工智能，企业可以及时分析出目前市场存在的同类产品有哪些优势和不足，以及是否完全满足用户需求，自己产品的落脚点应该在哪里，等等。这些问题会影响产品的最终销量，因此企业必须加以重点关注。

　　以大数据和人工智能为前提，对市场的走向和用户的偏好进行预测，可以帮助企业解决一些疑难问题。在这种情况下，从产品的设计到后期的推广，每一步都经过计算与预测，一切尽在企业的掌控之中。

4.2.3　淘宝：“闺蜜相打折”活动

　　“哇！我们的‘闺蜜相’高达 99 分，是‘完全复刻真闺蜜’。”两位年轻、时尚的女性大喊道，并开心地拍下了照片。“我和妈妈是‘最美姐妹花’，真是太好了。”一位和妈妈一起逛街的大学生激动地说。

　　这些景象都出现在“闺蜜相打折”的活动现场。

　　“闺蜜相打折”是淘宝在杭州城西银泰商场推出的一个活动，这个活动吸引了众多用户的参与。有没有“闺蜜相”，通过具有面部识别功能的智能设备，一测试就可以知道。这样的新型互动方式迅速掀起了一场影响全城的娱乐风暴。

在"闺蜜相打折"活动现场,用户和同行的闺蜜只需要在智能设备前合影,该智能设备就会根据二者的面部相似度、微笑灿烂程度等指标给出一个"闺蜜相"分数。不同的"闺蜜相"分数可以换取不同的优惠券,优惠券可以在淘宝上购物时使用。

用于给出"闺蜜相"分数的智能设备是由阿里巴巴机器智能技术部研发的。该智能设备利用高端的面部识别技术,对用户面部的一些属性,如年龄、性别、发色、表情、是否戴帽子等,进行检测和识别。

"闺蜜相打折"这样的活动是"快闪"时尚与人工智能完美结合的结果,是淘宝将 iFashion 新势力周(淘宝的线上活动)融入用户生活的一个与众不同的策略,它可以让用户感受一场史无前例的购物体验。通过此次活动,淘宝可以贴近用户、感受用户,让用户可以身临其境地去体验潮流趋势,去感受产品优异的质量。

用户,尤其是女性用户,对新鲜感的追求永无止境,她们向往更具特色的消费行为,因此如果只是在线上组织优惠活动,已经很难在碎片化、注意力极度分散的市场环境下取得良好的效果。而此次"闺蜜相打折"的活动,则是针对技术时代的一次创新和探索。

因为"闺蜜相打折"的产品可以在 iFashion 新势力周期间通过线上的方式购买,所以用户能够轻松地在线下"种草",然后到线上"拔草",这是一个良性的循环。如果淘宝只是在线下做活动,就不会获得如此多的流量,也不会达到如此出色的营销效果。

现在,单调的活动已经无法吸引到"90后""95后"的年轻人,"闺蜜相打折"凭借线上线下联动的策略解决了这个问题。即通过线下的真实互动,深入了解用户,为用户提供更满意的服务,然后借助线上的 iFashion 新势力周,让用户为产品的高性价比埋单。

对于淘宝来说,单纯的打广告、做宣传、发文案的做法已经过时,"闺蜜相打折"恰恰为其提供了一个更符合时代发展的模式。通过这个活动,用户可以看到一个不一样的淘宝:一个接地气、敢于走到线下又不放弃线上流量的淘宝。

总而言之,对于淘宝和用户来说,"闺蜜相打折"活动是一次全新的尝试。它不仅植入了新奇有趣的互动体验,激发用户的积极性和热情,还将淘宝"为生活增添色彩"的理念融入产品之中，充分彰显了淘宝独特的时尚态度。

4.3 5G与人工智能有何赋能效果

在未来，人工智能会被越来越多地应用到智慧营销中，以便帮助企业完成全渠道、智能化战略布局。应用人工智能往往需要大量的数据和足够的网速，这是一项比较复杂的任务。例如沃尔玛将所有门店中长达数月的交易数据都输入到人工智能系统中，通过分析这些数据来决定哪些产品需要库存以及这些产品的具体存放位置。

假如没有足够的网速，那么对这些交易数据进行处理和分析就需要很长时间，这将大大影响营销的效果。因此，将网速足够快的5G与人工智能结合在一起是非常必要的。

4.3.1 全渠道、智能化战略布局

2019年，苏宁董事长张近东宣布，苏宁收购了万达百货下属37家百货门店，打造线上线下相结合的场景式百货零售业态，这是苏宁在零售变革中寻求转型的一次尝试。苏宁将引领万达百货的数字化变革，利用大数据、人工智能等技术，提升其服务体验。

跟随5G的发展脚步，苏宁不断创新，致力于打造场景化的生活体验，推出了"苏宁极物""苏宁小店""苏宁零售云"等新的零售渠道。

苏宁通过强大的技术实力，突破传统百货概念，在数字化和体验方面打造全新供应链以及核心竞争力，进一步完善全渠道布局。技术的发展带动企业的变革，使企业融入新的渠道，力求为用户提供更好的消费体验。

如今，5G让线下渠道和线上渠道之间的连接更加紧密，这种连接已经成为企业进步的新起点，必将是未来发展的潮流。5G与人工智能结合在一起，可开创新的营销模式，提高用户的消费质量和消费兴趣。

除苏宁以外，京东也在积极融入5G时代，希望通过打造无界零售

来提高营销效率。从具体操作上看，京东的发力点主要包括以下 3 个。

（1）开创无限空间和无限时间。无限空间是指生活场景与零售渠道之间没有界限，在 5G 的助力下，卧室、厨房、商场等任何地方都可以发起购物；无限时间是指打破购物的时间限制，用户在任何时间都可以进行购物，京东的"京 X 计划"正是对此方面的探索。

（2）通过定位、消息推送、人脸识别等建立不同渠道之间的连接；通过线上与线下的结合使不同渠道实现功能互补，将原本散落的各个渠道打通。

（3）对各个渠道的数据进行总结和分析，提升各个渠道的效率；将不同渠道下的用户关系和资产相结合，例如整合会员体系，使用户在不同场景下享受到同等的权益。

7Fresh 是京东"全渠道布局"的典型代表，它既是超市、饭店以及产品的线下体验门店，又是线下零售门店的升级演化。7Fresh 很好地保障了用户的权益，例如它利用区块链溯源提升产品质量、利用智能化工具简化消费流程等。

全渠道、智能化战略布局不仅是商业模式的演化，更有 5G、人工智能等技术的融入。总之，它是用户消费理念的转变和技术的发展所驱动的，将带来企业和行业的升级。

4.3.2 全息投影+远程实时体验

通过全息投影展示产品也是 5G 在智慧营销中的关键应用之一。目前，全息投影主要用于广告宣传和产品发布会中的展示，这可以为用户带来全新的感官体验。而 5G 的落地则可以将这种感官体验实时传递给不在现场的用户，从而进一步扩大宣传的范围。

例如某品牌推出了一款新鞋子，若想打动用户，已经不能使用老套的"文字＋图片"的营销策略，因为这种营销策略无法满足现代用户的心理需求。

在这种情况下，营销人员需要寻求新的宣传手段进行产品展示，而全息投影就是一个很好的选择，其展示效果如图 4-2 和图 4-3 所示。

图 4-2　新鞋子的原图

图 4-3　新鞋子全息投影图

　　由图 4-3 可见，全息投影生动地展现了这款鞋子的特色之处，让其更加鲜活地出现在用户的眼中。在相对黑暗的环境下，利用红色的线条勾勒出鞋子的轮廓，使其形成相对立体的模型，不同形状的图案交叠在一起，展现出了鞋子细节的设计，耀眼的颜色更是抓住了用户的关注点。在用户没有看到实物之前，甚至可以猜想它的样子。

　　鞋子不仅仅是用来穿的，也是一种理念的宣传。全息投影可以在满足品牌需要的情况下，为产品量身打造从色彩、形状到表现形式都能符合用户偏好的设计。这样的设计既可以突出产品的亮点，又能使产品得到更多用户的喜爱，品牌也可以因此销售更多产品，获得更多利润。

　　全息投影在产品展示方面具有极其突出的优势，将企业想要推广宣传的产品放在全息投影橱窗之中，可以凭空出现立体影像，360°高能旋转，能吸引用户的注意力，给用户留下深刻的印象。

　　与传统的产品展示不同，全息投影产品展示能够运用生动的表现方式，赢得用户的喜爱。如果将全息投影应用于 T 台走秀中，还可以将模特的服装与走步刻画得十分美妙，让用户体验虚拟与现实相融合的梦幻感觉。

而且，在 5G 的推动下，全息投影的应用范围更加广泛，如商场与街头的橱窗中等。5G 下的全息投影将打破空间的限制，使用户获得远程实时体验，更好地向用户展示各类产品。这样不仅能让用户更加了解产品，买到心仪的产品，还能给用户留下深刻的印象，有利于后期的大规模销售。

4.3.3　智能设备完成精准推荐

未来，5G 可以覆盖每一个角落，也可以容纳更多的智能设备。5G 网络的传输速率将会是 4G 的近百倍，高传输速率可以使智能设备的用户享受极致体验。

在智能设备中，最典型的就是智能音箱。世界上的第一款智能音箱 Echo 是由亚马逊研发的。亚马逊首创了智能语音交互系统，而且通过对产品进行更新迭代，亚马逊培养了大量的忠实用户，抓住了发展的先机。

Echo 将智能语音交互系统融入智能音箱中，使其有了人工智能的属性。此外，Echo 的语音助手可以实现与用户的无障碍交流，还可以根据指令为用户播放音乐、网购下单、叫车、订外卖等，这就为企业了解用户提供了很多有价值的素材。

除了智能音箱，智能冰箱也在 5G 时代变得更有"人性"。例如京东的智能冰箱可以实现食物的自动化管理与个性化推荐。当用户打开智能冰箱时，拍摄设备会拍摄两张照片，之后照片会被传输到云端，以便识别出冰箱里的食物。

用户可以为食物设置保质期，一旦食物即将超过保质期或马上要吃完，手机和冰箱就会收到提示，而且冰箱还可以在 1 秒钟之内完成个性化推荐，把最新、最划算的同类食物推荐给用户，让用户可以选择最适合自己的食物，并完成一键下单。

京东的智能冰箱还支持远程查看，用户随时随地都可以在手机上查看冰箱里的食物储备情况。如果出现食物短缺的现象，用户可以一键购买，京东会把食物送上门。对于用户来说，这既省心又方便，对于入驻京东的商家来说，这是进行营销的绝佳机会。

现在，智能电视也有产品详情、下单系统、支付功能、售后管理等一整套接口，这样用户在观看节目的同时，还可以一键购物。依托当下完善的大数据算法，智能电视还可以分析用户的偏好和消费习惯，并据此为用户精准推荐广告和产品。在 5G 时代，用户甚至可以在看到电影女主的漂亮风衣以后就随手下单，整个过程既迅速，又流畅。

智能设备的最大作用在于，用户能够以简便的方式对其进行操控，使其与购物平台、商家和产品相互联系。智能设备可以接收并执行用户的指令，例如用户想打开电灯、播放音乐、连接电话、购买产品等，智能设备都能迅速地帮助用户完成。

虽然智能音箱、智能冰箱、智能电视等智能设备如雨后春笋般纷纷冒了出来，但其仍然存在着同质化严重的现象，而且功能还存在一些瑕疵。例如当用户让智能音箱打开窗帘时，很可能会出现卡顿现象，从而影响使用体验。

而 5G 带来的高传输速率，则很好地改善了当前智能音箱中存在的卡顿现象，它将为用户带来极致的使用体验。当越来越多的用户使用智能设备以后，企业可以获取的数据将会不断增加，而这些数据是实现精准推荐、优化营销效果的重要保障。

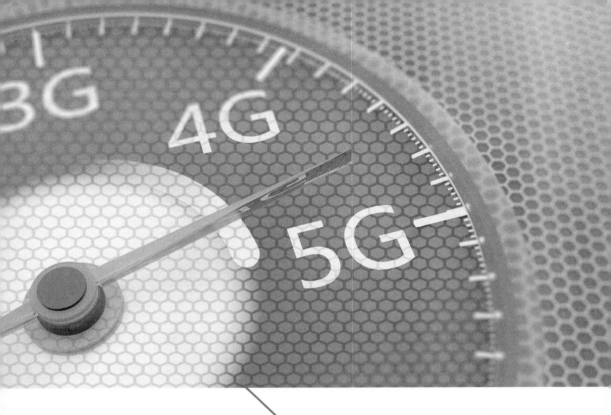

中 篇

数据先行，
奠定基础

第 5 章

数据目标：如何
迅速找到你的用户

企业要想做好营销，必须知道自己的用户是谁。在海量的用户中，企业如何锁定有效的用户，做到精准营销？对于用户的特征和需求，企业要从哪些方面着手？5G 的加持会为数据运作带来怎样的便利？本章从数据与 5G 对用户的定位入手，帮助企业掌握找到用户的方法和策略。

5.1 用户定位：大数据 +AI+5G 发挥效力

不同的用户往往有着不同的需求，企业要想让不同的用户满意，必须对用户进行细分。在对用户进行细分时，可以从用户的行为、需求、年龄、职业以及爱好等属性着手，然后再为其提供相对应的产品或服务。

5.1.1 如何通过数据对用户进行定位

对用户进行定位的目的是让企业更准确地了解自己的消费群体以及用户的需求。企业在对用户进行定位之前，需要先收集与用户相关的数据，并对这些数据进行整理和分析。这个过程离不开数据，收集精准数据可以细分为以下几个环节。

（1）初步界定用户。企业可以先罗列出产品的特性，以及产品适合何种人群，白领？学生？家庭主妇？宝妈？有了这些判断之后，便可以通过内在属性与外在属性进一步缩小用户范围，如图 5-1 所示。

例如探探 APP，这是一款基于用户的地区分布和活动场所，主打年轻群体的社交软件，目前用户多为 18 ～ 23 岁的在校大学生，这是"地理分布 + 活动场所 + 年龄属性"的组合。

（2）通过购买能力区分用户。产品一定要卖给能够消费得起的用户。企业需要借助消费次数、购买产品的平均单价、收入水平等数据对用户进行分析，了解用户处于什么消费层次、这些用户是否具备消费产品的能力等。

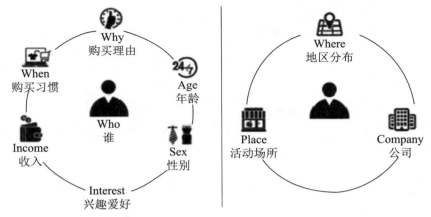

图 5-1 用户的内在属性（左）与外在属性（右）

（3）精准定位用户。为了促进潜在消费群体的转化，企业需要借助数据了解其消费历史和关注焦点。此时针对社交平台的数据捕捉尤其关键，如果用户在社交平台上非常关注某一产品，那就说明该用户对相关产品有需求，企业便可以据此做推荐和宣传。

在通过数据对用户进行定位方面，小米做得非常出色，具体可以从以下两个方面进行说明，如图 5-2 所示。

| 1 | 格式化提交用户意见 |
| 2 | 直接面对用户 |

图 5-2 小米如何通过数据对用户进行定位

1. 格式化提交用户意见

当不同的用户提交意见时，小米会引导用户将相同类别的意见集中起来。当用户有同一需求时，直接表达"我也需要这个功能"。经过用户的不断反馈，小米会自动将较为强烈的需求安排在前面，并把提出这些需求的用户划分在一起。

2. 直接面对用户

为了采集更多有价值的数据，小米让工作人员直接面对用户。小米要求工程师经常在论坛上关注用户提出的问题。

对这样的做法，许多工作人员直接表示反对，不过小米给了另一种解读。小米联合创始人黎万强曾经这样说："在小米只能这样干，如果你不理解，你就把它当成工作考核"。不过，小米是没有关键绩效指标（Key Performance Indicator，KPI）考核的，黎万强说这句话的意思是让员工关注数据、关注用户。

这样的做法使用户感到特别亲切，因为很少有企业可以直接与用户交流。如果用户的意见被采纳，那么用户的参与感就可以体现出来，这极大鼓舞了用户。

对于小米的工作人员来说，道理也是一样的。当工作人员与用户直接交流时，用户遇到了问题，工作人员就会有一种帮助用户解决问题的使命感，而要是直接将采集到的数据交到他们手里，他们很可能会感觉这是交代的工作，必须去完成，便会缺乏主动去解决问题的动力。

如今，小米的市值节节攀升，精准的数据采集与分析起到了一定的支撑作用。小米拥有的数据量越来越大，对用户的了解越来越深，在对用户进行细分时也更加得心应手，其深入用户群中的做法非常值得学习。

5.1.2　用户定位四大关键点

在采集与分析相关数据之后，企业就可以对用户进行定位。这项工作主要包括以下四大关键点，如图 5-3 所示。

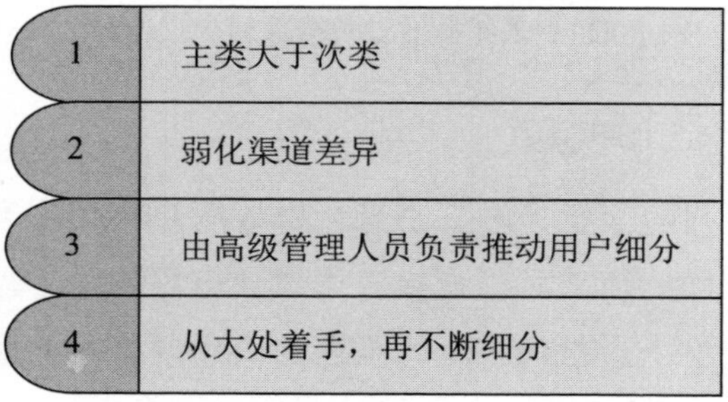

1	主类大于次类
2	弱化渠道差异
3	由高级管理人员负责推动用户细分
4	从大处着手，再不断细分

图 5-3　用户定位四大关键点

1. 主类大于次类

如果用户消费了不同类别的产品，那么企业可以将用户按照不同的类别进行标注，但是标注类别要分为主类和次类，这样数据提取者就可以按照类别进行用户的提取。否则，数据提取者可能因为用户被标注多种类别而无所适从。

2. 弱化渠道差异

产品在经过不同渠道传播的时候，用户对其认知基本上是相同的。每个直接接触用户的营销人员都应该清楚产品的信息，将统一的结果传递给用户。

3. 由高级管理人员负责推动用户细分

如果企业没有专门的人员负责用户细分，就很难得到统一的标准。因而用户细分工作，需要由高级管理人员负责推动。

4. 从大处着手，再不断细分

起初先把用户简单地划分为几个大类，然后再根据用户的数据逐渐进行更细致、更准确的划分。例如根据购买次数、消费水平等数据分析出用户价值和用户活跃度，并绘制象限图，将细分的用户清晰展示出来，如图 5-4 所示。

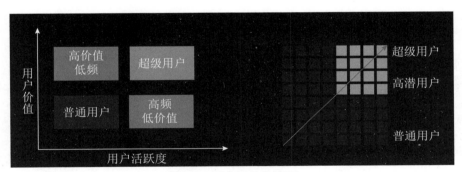

图 5-4   用户细分象限图

完美日记将"90 后"年轻群体定位为超级用户，其营销策略都围绕着这些超级用户展开。为了把控"90 后"年轻群体的消费决策入口，打响品牌知名度，完美日记选择小红书作为主要投放平台，随后其销售量开始快速上升，短时间内引发了大量关注。

通过定位和细分，网易云音乐以大学生为核心用户，快速拓展口碑。根据大学生对音乐 APP 的五大关注点（如图 5-5 所示），网易云音乐做出了一系列营销策略。

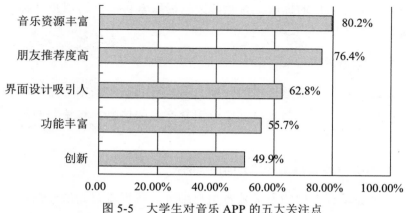

图 5-5　大学生对音乐 APP 的五大关注点

　　网易云音乐有大量的高品质歌曲，满足了大学生对音乐资源的需求；在各大社交媒体平台，网易云音乐的用户乐于分享，会把好听的歌曲主动推荐给朋友；在界面设计方面，网易云音乐展示的是简约、大气风格，同时还持续推出符合大学生审美标准的新皮肤；网易云音乐的功能也丰富，其他音乐 APP 上有的功能它都有；网易云音乐还开创了以歌单为线索，融入用户、明星、主播等元素的音乐社交模式，打造了一个新型的派系。

　　可见，网易云音乐走的每一步路都是以核心用户为基础的。有这样一句俗语："有人的地方就有江湖。"同样，在营销界，有用户的地方就有生意。用户与企业的价值交换，是商业的本质。企业无论是定位用户，还是细分用户，都是在为自身的营销和发展服务。

5.2　购买过程：根据行为做细致划分

　　Affdex 是一个非常热门的智能设备，因为它可以识别情绪，并通过用户的情绪推断用户可能做出的行为。例如当用户看到一个新产品时，无论表现的是高兴、疑惑的表情，还是惊讶、厌恶的表情，都会被 Affdex 收集起来，这显然会给营销带来新的变革。

　　其实，除智能设备以外，用户的情绪和购买行为也可以利用大数据等技术来分析。企业只要得到购买行为的核心数据，就可以更加了解用户。要想实现精准的营销，企业要对用户的购买行为进行细分，了解用户在购买过程中的反应，本节就对此进行一一讲解。

5.2.1　大数据系统记录用户购买反应

利用大数据系统记录下用户的购买反应，可以让企业以最直观的方式将用户分类并采取相对应的措施。以亚马逊为例，它不仅是一家电商企业，更是一家技术型企业。亚马逊拥有大量的数据以及强大的技术实力，可以迅速得知用户的参与度和满意度。

亚马逊有自己的大数据系统，这个大数据系统可以记录用户的购买反应，为用户的细分提供有效依据。通过分析用户在购买过程中所做出的反应，亚马逊把用户大致分为以下几类，如图 5-6 所示。

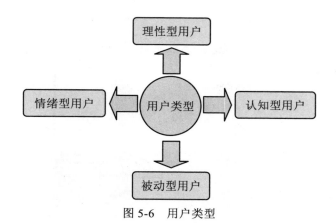

图 5-6　用户类型

（1）理性型用户往往把自身需求、自身状况作为是否购买的唯一标准。这类用户经常会对购买的产品进行全面检查，等到对产品有足够了解之后再进行购买。此外，这类用户还会从多个产品中选择最好的一个，即所谓的"货比三家"。

（2）认知型用户关注购买的过程。这类用户对产品宣传有一定的分析能力，他们会主动收集产品信息并分析这些信息是否真实，然后根据可能遇到的风险进行选择性购买。他们通常能够接受产品的不完美，可以通过足够多的信息分析来确定适合自己的产品。

（3）被动型用户在购买产品时是被动的，容易被低价产品和促销活动所吸引，从而作出不理性的购买决策。被动型用户在购买产品前对产品并不是十分了解，对产品信息一般也不会积极主动地查找和搜寻，有时甚至会直接跳过产品优劣的选择环节就作出购买决策。

（4）情绪型用户一般不会过多地了解市场和产品信息，决定他们购买的因素是购买时的心情。情绪型用户把满足情感需要作为购买产品的主要条件。

在将用户分类并了解各类用户的特点以后，企业就可以有针对性地对用户实施营销方案。这样不仅可以解决产品销售难、用户体验差等问题，还可以充分发挥技术在营销中的强大作用，使企业跟上时代发展的步伐。

以情绪型用户为例，企业可以通过情感营销唤起他们的共鸣，激发他们的购买欲望。家电行业佼佼者美的在 2019 年"双 11"期间将情感营销运用得淋漓尽致，并取得了十分亮眼的销售成绩，如图 5-7 所示。

图 5-7　美的在 2019 年"双 11"期间的销售成绩

美的此次的情感营销起源于微博上比较火的情感 UP 主 @ 布丁没你甜，她发布了一条粉丝投稿：一对新婚夫妻因为南北方之间的饮食差异（食物到底是要蒸还是要烤）闹到了要离婚的地步。这种情感问题很接地气，是每个人都可能遇到的，所以掀起了一股热潮。

美的敏锐地从这个投稿中找到了情感与产品的切入点，发起了以"蒸的好，还是烤的好"为主题的微博投票活动，然后将蒸和烤结合到美的微蒸烤一体机上，不仅可以走进用户的内心，还可以从产品的角度为用户提供解决方案。

美的最后还找来了向 @ 布丁没你甜投稿的那一对新婚夫妻，让他们拍摄了一条 Vlog（视频博客）。Vlog 的主要内容是美的微蒸烤一体机解决了他们之间的矛盾，让他们重归于好。对于情绪型用户来说，这种情感营销最具"杀伤力"，他们很难不对产品动心。

5.2.2　5G与大数据加速用户需求分析

有人说世界上的手机分为 iPhone 和其他手机，为什么这么多人都一定要买 iPhone 呢？iPhone 成功的方法是依靠技术创新，使系统的流畅度发挥到了极致。用户具有接受新鲜事物的能力，如果反映在行为上，就是企业追求极致的结果并希望自己使用的产品技术站在世界的前沿。

在产品个性化差异越来越大的情况下，大众化消费也越来越失去了优势。现在的用户不喜欢千篇一律，而更加崇尚突出时尚和自我个性的生活方式，反映在消费行为上就是追求品牌的独特性。

在 5G 和大数据不断普及的时代，企业要想获得良好的营销效果，就需要对用户的购买过程进行全面的分析。

服装品牌 ZARA 对数据的收集无处不在。在线下营销过程中，ZARA 门店内的每个角落都装有高清摄影机，门店经理随身带着 iPad（掌上电脑）记录顾客的反馈信息，并在第一时间提交给总部。

如果顾客看中了一件衣服，说"这个衣服的颜色很好"或"我讨厌衣服上的动物图案"等，iPad 便会在一分钟之内自动将声音数据传递到总部的数据分析系统上。如果同一声音数据一天出现超过两次，总部就会立刻收到改变产品样式的指令，这时设计人员会根据顾客的需求马上对产品进行改进和优化。

下班前，店内的销售人员会把当天的销售情况进行汇总，内容包括购买量、退货量、营收、每小时的销售数据以及顾客的反馈意见等。全球几千家门店同时汇总，就产生了一个十分庞大的数据库，ZARA 会根据这些数据来决定接下来的生产数量和设计样式等。

这样的做法使得 ZARA 的存货率极低。同时，针对热销款式，ZARA 还会设计出一系列相近的款式，以最大限度地满足顾客的需求。为了获得更多的数据，ZARA 先是在六个欧洲国家成立了线上旗舰店，接着又在美国、日本推出注重数据采集与分析的网络平台，以便通过双向搜寻引擎对顾客的数据进行收集。

另外，ZARA 还将从网络上收集到的海量数据看作是线下门店的前测指标。因为很多喜好更前卫、资讯掌握更超前、催生潮流能力更强的顾客，会在网络上搜寻时尚资讯。而且在网络上关注 ZARA 的顾客进入线下门店消费的概率也很高。

除了通过线下门店、网络收集有价值的数据以外，ZARA 还组织了大量的顾客意见调查活动，目的是使获得数据的渠道更全面，得出的数据结论更合理。对于 ZARA 来说，大量与顾客相关的数据才是最重要的核心竞争力。

ZARA 的做法获得了空前的成功，后来又被应用于英德斯集团（ZARA 的总部）旗下的八个品牌。此外，线上旗舰店除了是进行消费行为的平台之外，还是产品上市前的营销试金石。ZARA 通常会先在网络上进行顾客意见调查，再从网络回馈中撷取顾客的意见，以此为依据改善实际出货的产品。

企业全方位地收集用户购买过程中的行为数据，能精准地了解用户的真实需求。等到 5G 真正落地以后，数据收集的效率会变得更高，数据分析的结果也会更准确，当然这些都建立在数据量不断增加、技术越来越先进的基础上。

5.3 寄生营销：低配版智慧营销

寄生营销是智慧营销的一种，通常被称为"伏击营销"或"隐蔽营销"。寄生营销来源于传统的营销方式，通过 5G 又实现了一次提升。

寄生营销讲究的是借力打力，以小博大，其本质是模仿寄生虫的原理，来驱动用户产生消费行为。在实施寄生营销时，必须借助一个媒介，这个媒介虽然和一般的营销手段不同，但同样会对寄生的对象、用户、企业产生积极影响。

5.3.1 寄生有哪些方式

在讲寄生营销之前，先讲一下寄生有哪些方式。寄生的方式主要有以下 4 种，如图 5-8 所示。

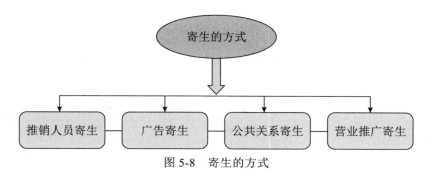

图 5-8　寄生的方式

第一种：推销人员寄生，即寄生企业利用宿主企业的推销人员进行本企业的营销活动。

第二种：广告寄生，即利用别家产品的广告达到宣传自家产品的目的，例如可口可乐罐装瓶上印有方正电脑的照片和说明。可口可乐和电脑本来是两个毫不相关的产品，为什么方正电脑要在宣传的时候与可口可乐融为一体呢？因为虽然营销活动的主体是可口可乐，但是借助可口可乐的品牌影响力及市场占有率，方正电脑就相当于搭上了可口可乐的"顺风车"，可以获得比较大的利益。

第三种：公共关系寄生，也就是利用寄主的社会关系和公共关系展开宣传活动等。例如寄生于奥运会的寄生企业就是利用奥运会的知名度，使得用户在观看比赛的同时，对本企业的产品产生认识和兴趣，从而提升本企业的影响力和竞争力。

第四种：营业推广寄生，简单来说，就是企业将自己的产品寄生在大型企业的营销活动中作为赠品，以达到促进销售的目的。例如当用户购买格力空调达到一定的数量或者金额时，商家就会赠送其他企业生产的小型家用电器如汤锅、电饭锅等。

以前，寄生营销主要在线下发挥作用，但是随着技术的升级和 5G 的发展，企业完全可以将其转移到线上。例如与短视频达人或直播达人合作推出联名产品，放到直播间或者线上旗舰店销售，这有利于创造新的销售纪录。

2020 年 2 月，"完美日记小狗眼影盘"正式上线，这是完美日记与李佳琦的联名产品，灵感来自李佳琦的宠物狗 never。"完美日记小狗眼影盘"在李佳琦直播间出现的当天，就凭借李佳琦强大的带货能力实现了15万份的销售量。

此次完美日记与李佳琦的联名，可谓是新形势下寄生营销的经典案例。完美日记将品牌寄生在李佳琦身上，借助李佳琦的流量及其与粉丝之间的互动，吸引了众多粉丝的关注。完美日记在达人合作和联名产品方面的投入虽然并不是很多，但却非常精准，符合其自身的营销节点和品牌形象。

完美日记更倾向于和腰部达人、初级达人合作，而且采取的是广泛投递的策略，即根据产品的风格和类型选择不同领域的达人。在营销逻辑上，完美日记通过腰部达人，树立和优化企业的品牌形象，扩大受众范围，进一步打开市场；通过初级达人向用户种草，实现转化和二次传播，并贡献一部分销售量。

这种矩阵式的寄生营销是完美日记的独特策略，也是实现销量神话的秘密武器。5G时代，企业的营销策略必须要新，要奇，要跟着热点走。完美日记就抓住达人的流量和直播的热点，实现了自身在新背景下的逆袭。

5.3.2　寄生营销有哪些方式

寄生营销的方式主要包括以下4种，如图5-9所示。

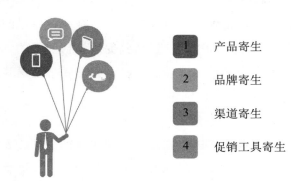

图 5-9　寄生营销的方式

1. 产品寄生

产品寄生是指寄生企业利用宿主企业的产品销售自己的产品。不同企业生产的产品之间有很强的互补性和关联性，具有这种关系的产品天生适合做寄生产品，一旦形成寄生关系，产品销售的效果便会事半功倍。

日本一家企业在面对行业的颓势时，决定开发新产品。它们经过相关数据调查，认定在不久的将来，汽车保有量还会有大幅度提升。于是，这家企业决定寄生于汽车工业。该企业用自家的上等纤维设计出各式各样的汽车装饰物，如娃娃玩偶、小动物、花草树木等各种形态的底垫和清新脱俗的车内座椅外套等。

凭借自家生产的汽车装饰物，该企业在一年时间内迅速占领了各大汽车企业及加油站的汽车装饰用品专柜。之后，在日本纤维制品销售很不景气，很多纤维企业相继倒闭的情况下，这家企业仍然凭借制造汽车装饰物获得了良好发展。

这家企业巧妙地利用了产品互补的关系，不仅依靠宿主企业存活了下来，在危机中实现了逆转，还一步步壮大了起来。

2. 品牌寄生

品牌寄生，即寄生企业将自己的品牌寄生于宿主企业的品牌上。品牌的知名度和形象往往是企业通过高代价的宣传、良好的售后服务等一步一步在广大用户们心中建立起来的，整个过程成本比较高，属于一种无形资产。

通过品牌寄生的方式，寄生企业可以以极低的成本提高自己的知名度和形象。当然，寄生企业要在宿主企业允许的情况下使用其品牌来生产同种产品，否则就会产生不必要的麻烦。

以"六神"花露水为例，它在全国范围内树立了自己的品牌形象，以它为宿主的"六神"沐浴露也迅速被人们熟知并接受。诸如此类的品牌寄生还有很多，它们的相同点都是：宿主企业的品牌形象一定要健康。此外，寄生企业不仅产品要符合宿主企业的品牌形象的要求，而且所属产业类型还要与宿主企业相同。

3. 渠道寄生

渠道寄生是指寄生企业利用宿主企业的销售渠道来销售自己的产品。销售渠道对一个企业至关重要，因此，销售渠道的竞争也已逐渐成为企业竞争的焦点。世界经济一体化使现代的市场空间比任何时期都广阔，很多企业单凭自己的力量在全球范围内建立一个完整的分销体系是很艰难的，而渠道寄生则解决了这样的难题。

渠道寄生是把原来属于宿主企业的销售渠道变成寄生企业可以利用的销售渠道。通过渠道寄生，寄生企业既可以借助宿主企业的渠道把产品安全高效地销售给用户，又可以降低渠道建设成本，提高销售的速度和效率。

4. 促销工具寄生

促销工具寄生是利用宿主企业的促销工具实现自己企业的促销目标。企业想要达到促销目标就要选择合适的促销方式，而促销工具的应用，可以提高产品的销售数量，从而达到低成本高效率的营销效果。

5.4 数据应用：企业必备三大数据

为什么 Google 能够做大数据？而且还很准确？因为搜索引擎本身就是一个很重要的入口，即搜索引擎具备同时采集很多用户行为数据的能力，而这个能力是单个企业很难做到的。但是，做大数据搜索引擎的弱势又在哪里？在于用户与用户之间的关系很难建立，这是行为本身的相关性所导致的。

在这种情况下，企业就必须搜集更多种类的数据，切实做好数据应用工作。一般来说，不同行业会拥有不同种类的数据，这些数据都可以在企业进行营销活动时得到充分应用。

5.4.1 金融数据让营销更精准、高效

大数据在金融行业的应用是比较广泛的，最典型的案例就是花旗银行利用 IBM 沃森电脑为用户推荐财富管理产品。这家银行能够利用用户点击数据为用户提供特色服务，例如向用户推送符合他们需求的广告，广告中会包含优惠信息和他们有可能感兴趣的产品。

用户在进行财富管理之后会留下很多金融数据，这些金融数据对有

营销需要的企业来说非常有价值。金融数据在营销方面的应用可以总结为以下几个方面，如图 5-10 所示。

图 5-10　金融数据在营销方面的应用

（1）精准营销：通过了解用户的消费习惯和家庭住址，对他们进行产品推荐。

（2）消费水平分析：根据用户的财富管理记录、信用等级和资产情况，企业可以判断用户的消费水平，并为其推荐相应的产品。例如对财富总量较多的用户，企业可以为其推荐一些价格比较高的产品，因为他们有能力承担。

（3）效率提升：利用金融行业全局的优势对营销的薄弱环节进行了解，利用智能化工具和相关技术对内部的数据加速处理。

（4）产品设计：利用大数据技术为用户推荐产品，利用用户行为数据来了解用户对产品的需要和偏好。

5.4.2　零售数据：需求预测+自动化推荐

零售数据的应用主要体现在两个方面：一个方面是可以帮助企业了解用户的需求以及需求发展的趋势，然后对用户进行产品的精准营销，降低营销成本；另一个方面是根据用户的购买记录，为其推荐可能感兴趣的产品，扩大销售范围。

零售数据可以帮助企业掌握未来的消费趋势，有利于热销产品的进货管理和库存的处理。零售数据对于企业来说非常重要，可以使企业加强对资源的有效利用，解决浪费问题。此外，有了零售数据以后，企业可以按照实际需求进行生产，防止产品过剩。

未来，考验企业的不再是供给关系的偏差，而是挖掘用户需求以及满足用户需求的能力，因此对零售数据把握的多少成为获得竞争优势的关键。不论是国际品牌，还是本土中小型企业，要想顶住竞争和微利润率带来的压力，在销售市场中立于不败之地，就必须思考如何利用零售数据，为用户带来良好的消费体验。

我们经常会看到这样一个场景：在地铁站等待地铁时，墙上有某一企业的巨幅广告和电视屏幕广告，人们可以自由浏览上面的产品信息，对感兴趣的产品或者是需要的产品也可以用手机扫描下单，然后只需要在约定的时间内签收产品即可。

实际上，在人们浏览产品信息和作出购买产品决定的过程中，企业就已经充分了解了他们的个人爱好以及详细情况。而未来随着大数据和5G的发展，人们甚至都不需要有任何购买动作，企业就可以将他们想购买的产品送到家中，这样的场景指日可待。

5.4.3 通过电商数据实现个性化生产

在国内，电商数据非常受企业的欢迎，因为它除了可以帮助企业实现精准营销以外，还可以使企业根据用户以前的消费记录为用户提前备货，并利用旗下的门店或者售后服务部作为中转点，在用户下单15分钟内将产品送上门，从而提高了企业的销售速度和用户体验。

无论是菜鸟网络宣称的在国内只要24小时就可以将购买的产品送到家，还是京东在15分钟内完成送货上门服务，都是对电商数据进行分析和预测的结果。

由于电商数据较为集中，而且数量巨大、种类繁多，所以它在未来的应用中会有更多的想象空间，包括预测消费趋势、消费特点、消费习惯、消费方向和消费行为等影响消费的重要因素。通过对电商数据进行分析，企业可以优化产品设计、加强库存管理、制订生产计划、完善资源配置和流动、改变资料的提供方式和安全性能等。

随着5G时代电商数据的增多，流水线生产也开始向个性化生产转型，用户追求时尚、前卫、独特的需求也得到满足。广州有个家具企业，致力于实现家具模型多端展示、部件可定制，以便为用户打造一个独一无二的家；深圳的魔术巾外贸出口商，能够采集电商数据，为用户提供个性化图案的魔术巾定制生产。

充分满足用户的需求是企业生存发展的支柱，也是一个世界性的趋势。5G 时代，企业通过大量的电商数据拉开了个性化生产的序幕，这势必会掀起"用户说了算""所想即所得"的产品定制潮流。

总而言之，尽管场景不同，但各种类型的数据都能够帮助企业对用户进行更加全面的了解，以及预知用户对产品的需求。数据是众多企业与用户深入交流和沟通的利器，应该得到充分重视和有效利用。

第 6 章

数据抓取：如何得到你需要的数据

在大数据时代，数据将成为一个企业赖以生存的根本，那么企业应该通过什么样的渠道去抓取有价值的数据？随着智慧营销的发展，这个问题必须得到很好的解决。如今，可以进行数据抓取的场景已经有很多，如抖音、快手等短视频平台。

6.1 数据帮助企业揭开用户"面具"

数据是一个行业发展趋势的体现，企业获得了数据就意味着它洞悉了行业的发展趋势。在几乎所有行业每时每刻都在产生着大量数据的情况下，如何对这些数据进行提炼和归类，已经成为各大企业必须重视的问题。

企业应该对数据进行智能化处理和分析，从数据中挖掘、整理出有价值的信息，然后利用这些信息了解用户，与用户进行更深入的交流，争取早日揭开用户"面具"，实现智慧营销的转型升级。

6.1.1 用户访问网站的7种方式

用户只要访问网站就会留下痕迹，这些痕迹可以成为企业了解用户的重要依据。一般来说，用户访问网站的方式一共有 7 种，如图 6-1 所示。

（1）直接访问：直接输入网址或者从收藏夹、邮件用户端、手机 APP 点击网址链接。

（2）推介访问：从其他网站点击链接访问。

（3）自然搜索：通过搜索引擎的搜索结果对网站进行访问。

（4）广告链接：通过搜索引擎营销（Search Engine Marketing，SEM）的推广链接进行访问。

（5）邮件访问：从线上邮箱访问。

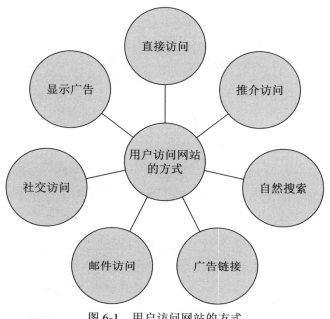

图 6-1　用户访问网站的方式

（6）社交访问：从新浪微博、脸书、推特等社交网络访问。

（7）显示广告：通过广告上的链接，或者直接点击广告进行访问。

在用户访问网站之后，企业需要收集触及动作、点击位置、点赞与评论次数、访问路径、浏览过的关键词和页面等数据，这些数据有助于企业分析出用户的短期需求和长期兴趣。另外，企业还可以通过分析用户经常访问的网站，来获得对方的工作、爱好、受教育程度等信息。企业只要对这些信息进行分析和整理，就可以将其应用到营销中。

5G 出现以后，用户访问网站的便捷度会提升，频率也会相应提高。在这种形势下，企业要想跟上时代发展的步伐，还需要扩大数据来源，丰富自己的数据库。

6.1.2　数据从什么地方来

人们普遍认为：专业研究机构致力于分析需求，能够产生许多数据，而事实上，企业经营活动产生的数据比专业研究机构产生的数据还要多。对于企业，数据的主要来源有以下几种，如图 6-2 所示。

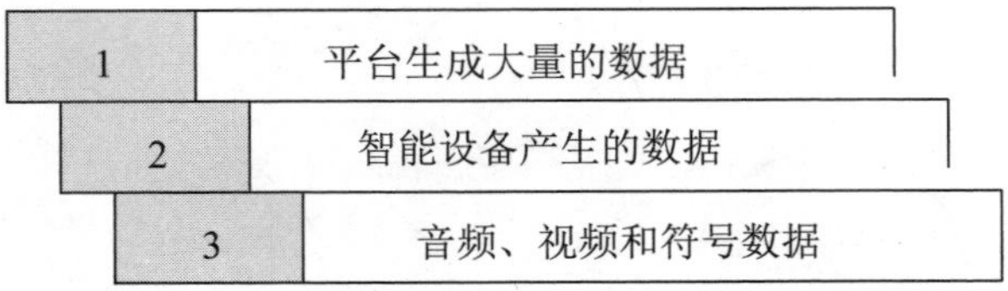

1	平台生成大量的数据
2	智能设备产生的数据
3	音频、视频和符号数据

图 6-2　数据的主要来源

1. 平台生成大量的数据

现在的平台都有细致的登录流程，这其中隐藏着一些数据。用户在浏览平台的过程中也会产生大量的实时数据。基于用户在淘宝上留下的数据，如搜索记录、停留时长、购买倾向、分享行为等，云南白药选择了黄某、井某两位明星作为代言人，同时通过"帮爱豆上头条"的 PK 机制使用户积极参与其中。

通过以上行动，在短短几天内，云南白药的淘宝旗舰店就获得了过亿的曝光量，收获了超过 30 万的粉丝，这为其长期营销奠定了坚实的基础。用数据挑明星，以明星带热度，云南白药探索出了"数据＋明星"的全新营销形态，为其他企业提供了借鉴。

2. 智能设备产生的数据

在移动互联网时代，越来越多的人需要与网络进行连接，他们在操作智能设备的过程中会产生大量的浏览、输入、输出等数据。现在，Google、百度、腾讯、阿里巴巴等公司都有专门的部门对这类数据进行收集与分析。随着技术的不断进步，企业将获得更多有效的数据。

3. 音频、视频和符号数据

音频、视频和符号数据规模之大，远远超过上述两类数据。因为这类数据结构多样，提取难度高，未来会对企业产生非常重要的作用，所以具有比较高的使用价值。

还是以云南白药为例，在对播放量、评论量、点赞量等数据进行分析之后，云南白药捕捉到了《春风十里不如你》的热度，于是选择与其作者冯唐合作，共同推出"春风十里"旅行套装。根据淘宝的数据和优酷的数据，云南白药抓取到《春风十里不如你》的所有观影人群，并借助 ID 比对，与他们进行深入互动，从而在数据营销方面取得了巨大进步。

目前，很多知名的品牌，如雀巢、多芬、相宜本草、迪奥等也像云南白药一样重视数据。这些品牌致力于通过技术手段提取数据，并对数据进行进一步分析与处理。它们希望通过对消费行为的解读，实现预测特定需求、促进产品销售的目标。

6.1.3 个人隐私忠诚度

企业在抓取数据的过程中，需要重点解决数据安全问题，这已经成为一个全球性的问题，也引发了用户对个人隐私泄露的焦虑。当 5G 落地之后，万物互联的进程进一步加快，数据变得更多，因此加强用户的个人隐私保护必须提上日程。

不过在每个用户都可以发言的 5G 时代，他们的精神诉求越来越强烈，这在某种程度上使企业面临着更严峻的挑战：用户希望企业打造有人性化的品牌，并且要承担起社会责任。5G 让企业的所有"举动"都可以在网上大范围传播，引起广泛的关注甚至负面的声讨。这种危机感对企业的发展和生存将有很大影响。

5G 时代，愈发混乱的媒介环境让用户对企业的信任度有所下降，企业之间的竞争将转移到用户的个人隐私忠诚度上。企业可以让用户授权的数据越多，就说明这个企业获得用户的信任越多。因此，企业需要建立与用户之间的平等关系，保证数据的抓取有较高的透明度。与此同时，企业要打造更有"人情味"的人设，积极活跃在公益和环保的舞台上。

5G 提升了个人隐私保护的重要性，是推动智慧营销发展的催化剂。对于苦于不知道如何获得流量的营销人员来说，5G 描绘出一个值得想象的未来蓝图；对于想要获得快速发展的企业来说，5G 提供了一个新的技术红利，可以帮助自己在竞争激烈的商海中突出重围。

6.2 APP 建设：线上服务的主要接口

在当今的数据时代，如何获得更多数据，成为企业在市场竞争中制胜的法宝。其中，APP 不仅是线上服务的主要接口，更是获取数据的一个渠道。如今，移动互联网成为商业的下一个前沿，关注 APP 和扫描二维码下载 APP 几乎已经是所有行业进行宣传和推广的重要手段。接下来看看如何利用 APP 了解用户。

6.2.1 营销中的APP环节

营销中的 APP 有 5 个重要环节，如图 6-3 所示。

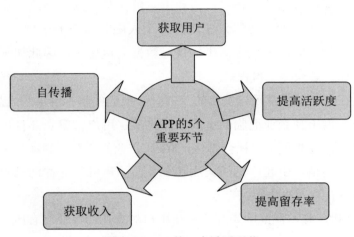

图 6-3　APP 的 5 个重要环节

1. 获取用户

APP 推广的第一步就是获取用户。如果没有用户，就无法开展运营，也无法开展营销活动。

2. 提高活跃度

早期通过各种不同渠道进入 APP 的用户大多是被动的，如何将这些被动的用户固定下来、使其转化为活跃的用户并产生消费行为是企业面临的首要问题。

另一个重要的因素是产品本身能否在最初抓住一部分用户。第一印象很重要，不论创意有多好，如果不能让用户留下来，就没有展现的机会。

3. 提高留存率

有些 APP 解决了用户活跃度的问题，接着推出该 APP 的企业又发现了另外一个问题：用户停留的时间太短，APP 无法对用户产生吸引力。解决这个问题的关键是要保住并提高用户留存率，尽量避免用户流失，并在用户流失之前采取相应的手段，吸引这些用户继续使用该 APP。

4. 获取收入

获取收入是 APP 最核心的一个环节。很少有企业开发一款 APP 是为了娱乐，初期的免费试用也只是吸引用户的一种方式，绝大多数企业最关心的就是收入。做好前面的 4 个环节是提高收入的前提。

5. 自传播

一般来说，APP 的运营模型到第四个层次就结束了。但如今社交网络的兴起，使它的运营多加了一个层次，也就是依靠社交网络进行病毒式传播。这种传播方式成本低、效果好，因此深受企业的欢迎。

不过自传播的前提是产品性能特别好，有好的口碑并且能获取更多新的用户，可以使运营模型形成一个螺旋式上升的轨道。大型的 APP 都是通过这样的方式，不断扩大自己的用户群体，推动企业和品牌的传播。

可口可乐在 APP 上曾做过这样的营销：推出海洋冒险类游戏《螃蟹与企鹅》，把可口可乐的瓶盖植入到奖励系统中。这个游戏通过发生在螃蟹部落与企鹅家族之间的正能量事件，巧妙传达了可口可乐"畅爽开怀"的理念和原则。

乐高积木也推出了名为《乔治的生活》的安卓版游戏，这是一款将乐高积木的实体玩具与 APP 结合在一起的交互游戏。因为用户只有在购买实体玩具的情况下才可以玩游戏，所以这不仅促进了实体玩具的销售，增加了乐高积木与用户的互动，还有利于乐高积木向用户传达"不断创新、坚持进步"的品牌价值。

再举一个星巴克的例子：星巴克曾经推出一款独具特色的、以闹钟为形态的 APP——EarlyBird（早起鸟）。用户在手机上下载 EarlyBird 之后，首先要设定起床时间，只要在这个时间内起床并点击按钮，就可以得到一颗星。接下来，用户只要在一小时内走进星巴克门店，就可以凭借这颗星购买到一杯打 6～7 折的咖啡。这款 APP 让用户从起床开始便与星巴克联系在一起，这对星巴克销售量的提升起到了很大作用。

基于 APP 的营销不会受到时间、地点的限制，信息的流通也由单向变为双向。而且从接触用户、吸引用户、留住用户，到管理用户，再到最终的销售和服务，整个营销过程发生在 APP 这一个端口内，受众会更精准，取得的效果也会更好。

6.2.2　APP数据的特点与作用

APP 数据与其他数据有些不同，其特点主要包括以下几个，如图 6-4 所示。

1	包含用户位置信息
2	能够离线使用
3	属于"活"数据
4	可以实时抓取
5	不能被搜索

图 6-4　APP 数据的特点

1. 包含用户位置信息

移动互联网与传统互联网的一个区别是，移动互联网包含了位置信息。位置信息具有非结构化的特点，它可以以信息为主连接到每一个用户，揭示用户的生活习惯和其他轨迹，帮助企业了解用户的特点和喜好。

2. 能够离线使用

由于日常使用 APP 时，用户的行为数据会保存在 APP 的日志当中，因此有些 APP 也可以在离线的情况下使用。传统互联网只能在用户上线的时候对它进行访问，其通过网页记录的方式将用户的行为数据记录在网页上。

3. 属于"活"数据

APP 数据由于包含了位置信息，能够反映用户的个人爱好，因此可以被称为"活"数据，即更具有价值的数据。但是承载 APP 的手机一般使用期限为两年，所以企业在收集 APP 数据时，时间跨度最长不应该超过两年，这个期限内的 APP 数据是用户最为准确的数据，具有更大的价值。

4. 可以实时抓取

大数据企业都宣称自己拥有海量的数据，但它们往往会刻意忽略数据会过期的事实。过期的数据无法传达用户现在的喜好和习惯，只有在 APP 上实时抓取的数据才能够帮助企业及时了解用户的喜好，也只有这类数据才具有分析用户的价值。

5. 不能被搜索

APP 数据不能被搜索，因此需要使用数据采集工具。互联网行业都利用数据采集工具来采集数据，上传到 APP 上进行分析，然后再将分析结果应用到营销活动中。

如今，移动 APP 运营统计分析平台是企业分析数据的必备工具。企业如果想了解自己的用户，提高用户的使用体验，就必须对 APP 数据进行采集和分析。网易云音乐通过采集 APP 数据，如歌曲收听次数与时长、登录频率、功能使用次数、付费专辑销售量等，分析用户的喜好和性格，赋予用户一个大致的标签。

此举可以让用户体会到网易云音乐的细致与走心，从而使用户对其产生好感，并将其分享给自己的朋友。在这个过程中，APP 数据起到了重要的技术作用，使网易云音乐与用户形成深层次的创意互动，最终引发情感共鸣。

6.2.3 5G实现APP商业价值最大化

自 5G 出现以后，手机的使用体验就有了很大提升，这也带动了手机销量的增长。在这个几乎人手一部手机的 5G 时代，APP 的商业价值实现了最大化，具体可以从以下几个方面进行说明，如图 6-5 所示。

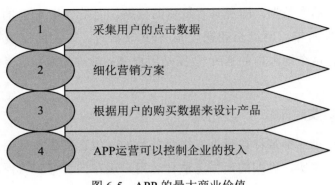

图 6-5　APP 的最大商业价值

1. 采集用户的点击数据

通过 APP 可以采集用户的点击数据，了解用户特点。5G 使用户的点击数据和位置信息不断增多，企业可以借助 APP 应用分析平台对其进行整理，进而将其应用于推动营销活动的开展。

2. 细化营销方案

企业可以通过 APP 细化营销方案，为用户推荐心仪的产品。APP 应用分析平台可以让数据说话，企业可以根据用户的点击和购买行为来实现产品的精准推荐，同时还可以细化营销方案，提升宣传的效果。

3. 根据用户的购买数据来设计产品

通过对 5G 带来的海量数据以及 APP 应用平台的数据进行分析，企业不仅可以准确了解用户需要的产品，还可以为用户设计个性化的产品，从而提高企业的效益。

4. APP运营可以控制企业的投入

APP 应用平台的数据可以用于监控运营的情况，了解用户的活跃度和营销方案的效果，使企业减少不必要的投入，为企业创造更大的价值。

5G 的兴起不断推动 APP 的发展，与 APP 相关的各类数据也呈现出不断膨胀的趋势。目前，阿里巴巴、苏宁、京东等许多巨头都在各施策略，不断优化自己的 APP，收集用户的资料，为大数据时代的到来做好提高自身竞争力的铺垫。

良品铺子 APP，每月可以获取大量的数据，包括评价数据、产品满意度数据、社交媒体数据、地理位置数据、注册与登录数据、交易数据等。这些数据组成了一个庞大的数据库，为良品铺子提升 APP 的商业价值奠定了基础。

基于 APP 和数据，良品铺子做了一个全程管理体系，以求从数据中得到有价值的信息，并将其作为产品迭代和服务升级的依据。例如通过分析评价数据和产品满意度数据，良品铺子对用户的投诉进行追溯和定责，找到根本原因，实现完善的闭环管理。通过对评价数据、产品满意度数据、交易数据进行挖掘，对 15 种产品的包装和 10 种食物的口味进行了改进。改进之后，这些产品的销售量都得到了提升。可见，通过数据来制定策略是非常有效的解决方案，成功率会很高。

目前，良品铺子已经将 APP 上的数据运用到库存、物流、服务、营销等多个环节，由此产生的价值将不可估量。未来，良品铺子将牢牢抓住 5G 机遇，为食物生态链赋能，确保食物的质量和"舌尖上的安全"。

6.3 视频轨迹：了解用户偏好的工具

一些企业将视频作为收集数据的渠道，以此来了解用户的喜好，为用户推荐产品。视频轨迹系统指的是视频平台可以根据用户观看的视频内容和视频类型来了解用户的喜好，从而向用户推荐感兴趣的产品，这也是一种数据收集的方式。

6.3.1 通过主流平台看视频轨迹系统

随着智慧营销时代的到来，企业可以在一些主流的视频平台上了解用户，这也有利于推动多屏营销的发展。为了得到更多的用户数据，通过视频轨迹来追踪用户数据，做到多屏营销，爱奇艺是怎样做的呢？

随着营销的不断发展，作为中国视频平台领先者之一的爱奇艺也在不断地进行着营销创新，希望可以打造视频营销发展的新轨迹。百度作为中国互联网主要搜索引擎之一，通过对用户数据的挖掘，很清楚用户数据的价值，百度旗下的爱奇艺便在这样的背景下应运而生。

爱奇艺可以通过百度的搜索功能，对用户实现全覆盖，从而为广告和营销提供海量的空间，也能够提升自身品牌的营销价值。如今，互联网创造了网络视频的新时代，爱奇艺可以在5G的指引下为用户提供更多、更好、更优秀的内容，同时还会为企业提供更具有价值的营销手段，帮助企业通过视频轨迹来追踪用户。

通过视频对产品和品牌进行展示，将会吸引更多的用户，视频营销是目前智慧营销中最常用的手段。随着视频的传播及普及，视频平台能够覆盖更多的消费群众，而视频技术的发展，能够让品牌根据用户的需求进行精准营销，还能够将企业的品牌渗透到视频内容中，并能够优化视频传播的效果。

爱奇艺依靠百度大数据资源的优势，不断进行营销创新，为企业提供更为精准的营销推广。视频平台能够反映用户的真实需求，建立和部署能够影响用户的视频，有利于实现精准营销，获得用户的关注。

在2020年5G获得空前发展时，网络视频的广告规模在不断扩大，用户数量在持续增长，除此之外，网络视频的市场需求也在快速增长。与传统视频相比，网络视频更具有创新的营销价值和丰富的营销模式，对企业的影响也更深刻。

早前，爱奇艺曾借助大数据推出"一搜百映"，为品牌的植入提供了一次机会，这是视频广告营销的一大招式。比如在百度上搜索"购车税"，随后再打开爱奇艺，就可以看到很多与汽车相关的广告。这就是爱奇艺依靠百度海量数据进行"一搜百映"的精准广告投放的效果，这种招式需要技巧，也需要进行多次搜索。

随着5G的脚步越来越近，众多用户对打扰自己的广告很是排斥，所以智慧营销要做的就是通过技术认识并满足用户的需求。未来，你随便在网络上看一部电影，视频平台和企业就可能知道你的需求，从而向你推荐相关的产品。

6.3.2 大数据提升电商平台绩效的方式

大数据提升电商平台绩效的方式主要有以下5种，如图6-6所示。

1. 洞察用户

通过对用户历史数据的分析，电商平台可以了解用户的个人爱好、购物方向和购物意愿；可以预测用户对产品的需求和潜在需求；可以细化用户的特征，为充分认识用户的差异化特征提供帮助；可以根据用户的差异化特征，找到营销机会和营销方向。

图 6-6　大数据提升电商平台
绩效的方式

比如唯品会以数据为依托，通过上百种属性、几十万个关键词来洞察用户，包括需求、年龄、所处地区、浏览行为、购物车产品等。在充分了解用户之后，唯品会为用户带来了逛街式的购物体验，这也是其处在电商风口上的重要战略。

2. 营销规划

网络上产生的海量数据，能够充分反映出用户的情绪以及关注的热点。找到这些特征，电商平台就可以对用户发放让用户感兴趣的广告。当下需要及时进行信息推送的业务或者操作有很多，例如向用户提供的信息，电商平台推送吸引消费者的信息等。

此外，根据用户的个性化需求，用户这一模块产生的数据更多，电商平台获取数据的成本也更低。信息的及时推送和数据的增加，使不同的用户提出差异性的服务，这时就需要电商平台有针对性地对营销规划进行调整和优化，为用户提供个性化和精准的服务。

还以唯品会为例，它通过数据了解用户，根据不同用户的特点打造"千人千面"的营销策略。鉴于 APP 数据的重要性，唯品会从多个方面优化APP，如细分类目、增加互动环节、推出超级品牌日等，进一步提升移动端用户体验。为了更好地利用数据，唯品会还在美国硅谷成立研发中心，不断提升自身的数据采集与分析能力，提高营销规划的精准性。

3. 物流管理

将供应链领域和运作的数据体系相关联，并对从多种渠道获得大量的非结构化数据进行研究，有助于提升物流的速度。在物流管理方面，唯品会通过感应器来实现目前位置、曝光程度等数据的实时反馈，使用户可以随时随地了解货物的详细情况，而物流人员也可以及时反馈包裹信息，保证货物按时递送，如图 6-7 所示。

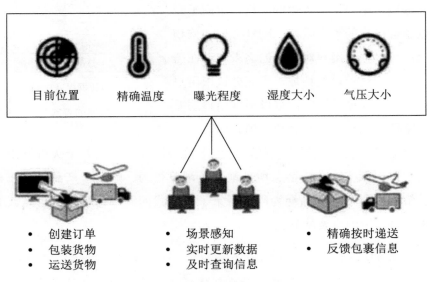

目前位置　　精确温度　　曝光程度　　湿度大小　　气压大小

- 创建订单
- 包装货物
- 运送货物

- 场景感知
- 实时更新数据
- 及时查询信息

- 精确按时递送
- 反馈包裹信息

图 6-7　唯品会的物流管理

唯品会还会通过数据了解特定时间段、特定地区的物流情况，从而加强配送管理。为了实时分析物流现状，唯品会从大量的数据中提取物流需求，同时对已经配置好和将要配置的物流资源进行调整，实现对物流资源的合理利用。

4. 流程规划

电商平台能够通过大数据更好地了解市场需求，调整不合理的业务流程。电商平台在分析数据的过程中可以了解自己的不足，明确自己改进的方向，并据此设计后期的目标。业务流程涉及很多方面，利用大数据可以规范当前市场的业务流程。

5. 风险控制

大数据可以帮助电商平台避开市场的风险和产品存货的风险。例如通过对用户需求数据进行分析，电商平台能在一定程度上降低因市场变化带来的销售影响，同时还能及时发现消费疲软和产品不对路的现象，从而有效控制风险。

电商平台可以从交易、销售、库存等多个角度对数据进行分析，并在此基础上绘制交易趋势图、品类分布图、用户交易排行图和异常交易预警图等。这不仅有利于电商平台从多个方面对运营情况进行分析，也有利于让管理层在第一时间掌握营销的最新动态。

6.4 视频营销：催生新的数据源

在现在的环境下，流量之争已经进入到一个异常激烈的阶段，营销手段越来越多样化且壁垒不断提高，而视频营销则成为打破这一局面的最有力策略。从优势上来看，视频营销具备传播价值、品牌价值，能够为企业提供展示、宣传和互动的机会。

在进行视频营销的过程中，企业可以拥有更多数据源，例如在抖音、快手上发布视频，从中抓取内容运营数据和活动运营数据等。此外，5G还拓宽了视频营销的场景，并将进一步促进 VR 直播的发展。

6.4.1　在抖音、快手上进行数据抓取

在 5G 时代到来之际，抖音、快手已经成为新的营销阵地，企业可以在此类短视频平台上挖掘出很多自己需要的数据。因此，大数据的作用越来越重要，只有掌握了足够的数据才能更好地对营销进行优化和调整。那么，企业应该如何在抖音、快手上进行数据抓取呢？则需要从以下几类数据着手，如图 6-8 所示。

内容运营数据

活动运营数据

用户运营数据

图 6-8　在抖音、快手上抓取的数据类别

1. 内容运营数据

内容运营首先要搜集的是视频的播放次数和用户停留时长的相关数据。

播放次数是一条短视频是否受欢迎的最直观的体现，播放次数的高低直接反映出该短视频的题目简介是否对目标群体具有吸引力；停留时长则反映出该短视频的内容是否令观看者满意，能否让观看者一直看到最后。

在某个时间点，如果有观看者大量流失的情况，则代表着此处的内容在今后的视频中应该予以调整，它为视频内容的优化提供了有力的理论支撑。

2. 活动运营数据

在活动运营的过程中，企业同样也要注意搜集一些数据。首先是宣传效果数据，对效果反馈好的渠道，企业应该投入更大的资金与精力。

其次，企业还要注意搜集活动效果数据。此类数据更注重的是活动本身的形式是否成功，它代表着此次活动所引起的关注度有多高。

最后，成本控制数据也是必不可少的。无论是转发抽奖，还是礼品回馈，都需要一定的成本支出，这种支出必须和最后得到的回报成正比，只有这样才是一次成功的活动运营。

3. 用户运营数据

在用户运营数据中，企业首先要关注的就是用户规模数据。用户规模越大，也就意味着企业的影响力越大。用户规模数据包括新用户数量、老用户数量和流失用户数量这三个方面。

其次要搜集的还有用户黏性数据，其体现在重复观看、活跃以及付费用户的数量。愿意重复以上操作的用户，其黏性是非常大的，这一部分用户有很大潜力可以成为产品的购买者和品牌的宣传者。

最后还应该对用户价值数据加以搜集。用户价值能够转化为企业的价值，用户价值越高，企业的市场竞争力也就越强。用户价值的衡量要看单位用户贡献价值，单位用户贡献价值可以将每一个用户带来的效益具体化，这样每增加一个用户或者每减少一个用户，企业都可以更直观地了解其带来的影响。

企业可以将用户的喜好标签化，然后找到自己的独特之处，并在成本允许的情况下扩大其影响，例如在抖音、快手上打造出一个极具格调的账号。企业通过这个账号发布一些与自家的产品和品牌有关的视频，可以大大提高自身的竞争力。

6.4.2　5G下的VR直播

5G 时代的到来将使得 VR 直播火热发展，VR 直播的观看视角不再被局限于固定的屏幕内，而是可以随意变化的，这将给用户带来全新的视觉体验，也增加了视频内容的表现形式。VR 直播与普通直播有哪些不同？主要表现在以下几个方面，如图 6-9 所示。

图 6-9　VR 直播的优势

1. 沉浸感

VR 直播与普通直播最大的区别在于视觉体验，在 VR 直播中，屏幕将不复存在，每位用户都处在第一视角，观看范围也由用户自己决定。在 VR 直播中，用户可以沉浸在现场中，比如当画面出现一片大草原时，用户可以看到草原的天空、草地和远处的羊群，可以抚摸脚下的小草，感受耳边吹过的微风，等等，这些感受极逼真。

2. 实时性

VR 直播通常采用 360 度全景的拍摄设备以及可以迅速同步的传感器。这样一方面可以保证拍摄的画面更加清晰、角度更加多样；另一方面，借助全景直播工具，画面可以被迅速转播，而且没有死角，这有利于在时间和空间上保证画面输出的实时性和可看性。

3. 精准性

视角自由，使得内容信息更加精准，谎言与虚假内容将无处藏身。

VR 直播以其高度沉浸、实时、准确的优势将原本就火热的直播变得立体、真实，让观看者仿佛身临其境。VR 直播将改变直播模式，当 VR

技术发展成熟之后，只有VR直播的立体体验才能满足用户的需求。因此，许多企业都加快了对VR直播应用的研发。

在我国，VR为企业提供了新的发展思路。《中国广播电视年鉴》显示，传统电视行业将大力发展VR，中国广电将与触信智能科技有限公司合作，打造"中国广电VR"。其中就应用了全景实时互动、多屏互动等技术。

VR直播将实现不同系统的手机、电视、智显终端等设备间的互动和信息的实时共享。比如用户能够在电视中观看VR视频，或扫码实现VR沉浸体验，还可移动式体验VR。用户可实现全景拍摄，并可实现共享互动，也可实时与他人全景直播。

这表明电视将是VR直播的重要设备之一，VR直播的范围也会更加广泛，VR体验的普及率也将提高。如今，各行各业都可引入VR直播，它的场景涉及生活中的方方面面。

在旅游行业，VR直播就是十分有效的宣传工具。它能给游客带来沉浸式的真实的感受，使游客获得前所未有的旅游交互体验，让宣传更具体验性，激发游客的旅游欲望。游客也可以在出发之前，通过VR直播准确获取景区的环境信息，避免被照片等欺骗。

在体育赛事中，VR直播弥补了观众无法去现场的遗憾。它将紧张、激烈的比赛搬至观众眼前，观众戴上VR眼镜便可同步感受比赛情况。

房地产行业也可以与VR全景直播完美融合。顾客可以在VR直播中看房子及周围的环境，这可以提升顾客的购房体验，降低其时间成本，缩减交易周期，也节约了房地产企业的人力成本。

随着5G移动互联网时代的到来，再加上VR直播应用场景的拓展，企业将获得越来越大的发展空间。同时，全景拍摄硬件设备和应用的升级优化，也使得用户越来越广泛，未来每个人都可以成为VR直播的创造者和观看者。

数据在各行各业都有很大的潜力可以挖掘，正确使用数据可以提升企业的价值，提高企业的销售额和利润，甚至还能帮助企业预测未来的趋势。因此，为了更好地使用数据，搭建一个数据模型是每个企业必须做的事。

第 **7** 章

数据模型：基于漏斗原理进行搭建

7.1 能力培养：如何搭建数据模型

汽车制造商可以利用大数据了解一辆汽车需要多久进行一次维修。汽车发动机的数百个传感器可以实时地为汽车制造商发送汽车的信息，使其可以提前知道汽车哪里出现了问题。鉴于大数据在寻找目标用户方面的优势，很多企业开始大范围使用大数据来调整自己的产品库存和营销方案，并及时向供货商订购新产品。

7.1.1 自由搜索实时数据、历史数据

对实时数据、历史数据进行自由搜索是构建数据模型的核心，其功能相当于开源项目 Hadoop（一个由 Apache 基金会所开发的分布式系统基础架构）。

当然，不要将 Hadoop 中的搜索与数据模型中的搜索混为一谈，因为前者是一种文件搜索，可以获取更多不同类型的数据以及信息。

在构建数据模型时，如果企业知道如何访问和查询数据的来源、如何利用数据，那么数据将为企业带来巨大的价值。然而，很多企业或许不知道数据的潜在用途。对此，Hadoop 能够提供解决办法，例如 Hadoop 会根据服务器上的持续跟踪装置及时获取数据位置。

对于企业来说，对实时数据和历史数据进行分析不仅要能够实现存储数据的目标，还要使数据更容易被找到。因此，企业所需要的最快的

数据分析解决方案是一种具备快速搜索功能并能支持非结构化数据分析的工具。

Lucene 是一个在大数据环境中能够提供文本索引和搜索的常用工具。百度百科对它的解释是："Lucene 是一个开放源代码的全文检索引擎工具包，也是一个全文检索引擎的架构，可以提供完整的查询引擎和搜索引擎以及部分文本分析引擎。Lucene 的目的是为软件开发人员提供一个简单易用的工具包，以方便在目标系统中实现全文检索的功能，或者是以此为基础建立起完整的全文检索引擎。"

另外，从监视程序上获取并分析历史数据，会让用户认为所有信息都已经被存储，而且可以访问。此过程是对分布节点上的数据进行存储和搜索，以便为企业提供更快的响应。

7.1.2 从诸多数据中发现有价值的信息

应用数据模型的一个重要原因是其能够从数据中自动发现有用的信息，而手动报告和手动分析在执行时会影响效率。利用数据挖掘工具和数据预测工具搭建数据模型的进程正在加快，该数据模型能够将大数据分析出来的数据存储到数据库，并持续监视变更的数据库。

大部分数据挖掘工具都是先确定数据的用途，然后开发能提供洞察或预测等功能的统计模型，最后将数据模型部署在大数据的构建系统中，以执行持续评估的任务。而这些操作在数据模型构建完后都是自动化的。

寻找一个监视工具来实时监视大数据的动态，并提供必要的实时警告，这对于需要进行营销的企业来说非常重要。现在，前提是在满足数据的应用条件、引进合适的工具的前提下，企业可以持续地查询和处理数据。

例如老牌餐饮企业美心就引入了甲骨文（全球知名的软件企业）的 Oracle ADW（数据平台），这个数据平台使该企业所有的数据都能够得到快速处理与分析。借助 Oracle ADW，美心不仅可以获得数据背后的价值，绘制清晰的用户行为数字图鉴，还可以精准判断菜品的成败。

Oracle ADW 让美心的数据成为会分析、会报告、会预测的秘密武器，帮助美心在采购策略和菜品结构上实现进一步优化，使其更深入地走进用户的内心。Oracle ADW 还帮助美心掌握订单情况，让它发现之前没有在意的业务交叉机会。

除了美心，汽车企业富维安道拓也引入了 Oracle ADW。而在此之前，富维安道拓的生产数据和营销数据多为手工收集，因此其准确性和及时性比较差。为了充分利用和整合数据，并通过数据对市场变动作出正确的反应和决策，Oracle ADW 帮助富维安道拓建立了"数据驾驶舱"，使其可以在业务繁忙时对资源进行合理调整与分配。

有些企业，特别是传统企业，它们的数据应用能力比较欠缺，无法仅凭一己之力搭建数据模型，所以不妨引入 Oracle ADW 这样的工具。一方面，它可以深入挖掘数据的价值，使数据成为企业利润提升的动力；另一方面，通过它，企业也可以随时随地了解自身的生产和运营情况。

7.1.3 专属报告与自定义视图

要提供专属报告，就需要进行类似于知识发现和自动数据挖掘的工作，且企业需要获得数据访问的权限，才能检查大数据在云环境中的状况。事实上，在大数据迅速发展的当下，拥有大数据报告工具的供应商的收益正在日益增多。

在构建数据模型时，大数据分析师需要运用构建自定义视图的能力。当企业查询大数据并要求生成报告时，数据模型的自动化功能就会发挥作用，生成一个易读的视图表并给出清晰的结果，企业用户就可以反复查看自己需要的信息。

7.1.4 加强安全控制和硬件扩展

扩展硬件是希望它可以尽可能地容纳一切数据。因此，在使用大数据服务时，企业可以对数据进行统计，从而为将硬件扩展至能够容纳企业的一切数据提供依据。此外，在构建数据模型时，企业要提供更细致的安全访问控制。

当非结构化数据位于关系数据中时，数据的复杂性会阻碍用户对其进行访问和获取。当常见的报告工具无法解决这个问题时，通过构建数据模型来简化访问数据的复杂性不失为一个很好的方法。

但是在大多数情况下，一般的安全设置无法通过正常的途径转移到大数据系统上，所以企业要对硬件进行扩展，以便适应数据模型的构建要求，保证数据的安全。

7.2 数据操作：标准化的设定流程

当企业收集到海量的数据时，如何对其进行设定操作是运用大数据的一个关键。本节就以苹果公司的数据操作为案例，来详细讲述数据操作的步骤。

7.2.1 五步完成数据操作

数据操作的步骤一共包括以下几个，如图 7-1 所示。

一	确定解决什么样的问题
二	启动描述性分析
三	用计算机做预测性分析
四	做符合关键指标的规范分析
五	转化为可操作的数据

图 7-1　数据操作的步骤

第一，确定解决什么样的问题。

作为处理数据的起点，收集所有的数据是很重要的。因为企业并不知道将来会发生什么样的事情，而现在不起眼的数据，可能在未来某个时刻会变得很有价值。

当企业通过收集的数据解决特定的问题时，就会发现数据自身带有什么样的属性和信息。这样营销人员只需要通过数据对营销进行简单的分析和分类，就可以最大限度地执行销售手段和营销技巧。

第二，启动描述性分析。

为了将原始数据转化为可利用的数据，企业可以使用描述分析法将收集的历史数据制作成图表来进行分析。大多数企业在所做的分析中，有约 80% 都能被归为这一类。

第三，用计算机做预测性分析。

用计算机做预测性分析是最简单的分析方法，也是大数据最重要的应用趋势。分析人员只要观察一下数据和趋势，就可以根据趋势的走向对未来市场进行预测。通过这种方法，企业不仅可以预测将来，还可以清楚地回顾过去。

第四，做符合关键指标的规范分析。

在数据分析中，最规范的例子是 Google 地图，因为它规划了一个人从一个地方到另一个陌生的地方所走的路线。一旦个人有一个模型，企业就可以根据关键指标对模型做规范分析。而有了规范分析，企业就可以据此来对自身业务进行改进，从而提升用户满意度，获得最丰厚的收益。

第五，转化为可操作的数据。

无论是描述性的、预测性的还是规定性的数据分析方法，其最终的目的都是帮助企业决策者分析数据，为行动作指导。对可操作性数据进行分析的过程是可描述的，它可以体现企业行动的过程，从而促使企业有针对性地采取行动来影响、改变结果。

因为大数据正逐渐趋于产品化，所以企业访问的数据也会有所增加。也就是说，企业如今并不缺乏数据，而是缺乏用分析方法将数据转化为可操作数据的能力以及方法。

7.2.2　苹果的数据操作之道

苹果在大数据应用上起步得较晚，但它在知道数据的重要性后，通过自身雄厚的经济实力迅速站到了大数据竞争的队列中。苹果在移动市场正强势崛起，它的移动设备在全球拥有上亿的用户，并开发出检测数据和分享用户数据的应用。

苹果推出的智能手表 Apple Watch，以戏剧化的方法加快了数据的设定操作。很多市场评论员说，Apple Watch 可能会促使可穿戴设备成为现实。Apple Watch 中还专门添加了传感器，在轻巧易佩戴的情况下，它可以持续不断地收集用户数据。

大数据在苹果公司的营销和生产中发挥着重要的作用。无论在何时何地，用户在使用苹果公司的智能手机、平板电脑、小型私家电脑以及智能手表的过程中所产生的数据都在被苹果公司收集以及整合。这些数据可以帮助苹果公司决定应该为产品添加哪些新功能，或是如何为用户提供最舒适、最良好的体验。

此外，大受用户欢迎的苹果智能手机上的 Siri 语音识别功能也来源于大数据的支持。苹果公司会利用数以千万计的用户数据对用户的身份进行识别，然后分派独一无二的匿名指示器，以保护用户的隐私。而且用户在使用 Siri 时留下的信息也可以成为苹果了解用户的重要资源。

与众多的竞争对手相比，苹果公司在大数据接收和操作方面的动作显得不够及时。因此，苹果公司要想继续领先全球，就必须依靠大数据做出更多的技术突破。目前，苹果公司成立了一个团队，正在进行卫星通信和 5G 等方面的研究，希望可以绕过运营商，直接将数据传输到 iPhone 等设备上。但是，利用卫星直接传输数据面临着巨大的难题，在这方面做过尝试的企业，如 SpaceX（美国一家专门研究太空探索技术的企业）、Facebook、亚马逊等都没有取得很大的突破。

实现数据的无障碍传输一直是乔布斯的目标，苹果公司现任 CEO 库克又重新拾起了这个目标，并将其列为优先级计划，正积极招聘技术专家，以期尽早找到利用卫星直接传输数据的解决方案。如果苹果公司真的能够取得成功，而且也应用到 iPhone 等设备上，那么势必会对运营商产生重大影响。并且苹果公司就又多了一个新的收费功能，而且这个收费还不低，普通用户将难以承担。可见，大数据和新技术的到来无疑是对全球市场的一次洗牌，如果苹果公司能抓住机遇，便能在行业中保持领先。

7.3　数据约束：算法＋直觉＋经验

大数据最明显的特征就是"数据量大"。对庞大的数据，企业如果不加以约束，就谈不上对它进行有效利用。如同尺寸、花纹、烧制工艺等条件展现了花瓶的美丽一样，一个制定好的系统也能更好地展现数据的能量。

基于数据约束的方法和物流领域中的格德拉特理论相似，成功的设计师都会根据数据约束的条件来设计计算机系统。计算机在运行的时候只做两件事情：读入数据和写出数据。计算机的功能决定了有多少数据可以移动以及它们移动到哪里来完成任务。

对大数据的约束，一部分靠直觉，一部分靠经验，但最主要的还是算法。对不好的方案，企业可以直接丢弃，而不需要实际去操作，这种判断能力对于设计好的系统编程具有决定性的意义。

7.3.1 对数据进行约束的8个必备条件

对数据进行约束的条件主要有以下 8 个，如图 7-2 所示。

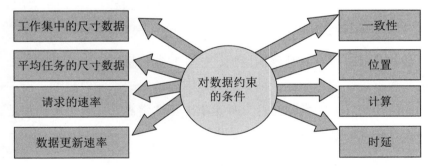

图 7-2 对数据进行约束的条件

1. 工作集中的尺寸数据

尺寸数据是系统操作时需要处理的一组数据。复杂系统通常会有很多不同的数据，但只有两个是最主要的：一是工作集中的尺寸数据；二是平均任务的尺寸数据。

在类似邮件或者新闻之类的应用型软件当中，当前处理的数据要比总体的数据多，因为人们一般不会去访问几周前的消息，所以把它们放到另一个系统去处理也可以。但由于在热数据和冷数据之间没有明确的界限，因此很多时候情况并不会这么简单。

运用概率方面的知识会对解决这个问题有很大的帮助，即弄清楚：

在一段规定的时间后，不同部分的数据被使用的概率是多少，这些数据是如何分布的，等等。在初始分析中，企业可以只关注大数据的尺寸，而细节方面的问题会在以后的操作中显现出来。

2. 平均任务的尺寸数据

这组数据是系统在执行单个任务时产生的数据，即系统在完成每一个任务时需要接触到的数据。一般来说，完成不同的任务需要接触不同规模的数据，而且即使完成的任务相同，在后台传送和处理的过程中接触到的数据也可能会有很大差别。

3. 请求的速率

如果任务场景是搜索引擎，那么每分钟可能会有成百上千人进行业务查询；如果任务场景是在线电子书，那么产生的数据会相对较少；如果任务场景是游戏，那每个人每秒钟都可能会有更多的数据或者业务产生。这些虽然都是预期的情况，但也可以成为决定系统数据流的主要因素。

4. 数据更新速率

数据更新速率是对数据的增加、删除和编辑进行统计的频率。邮件系统的数据增加速率很高，但是删除速率和编辑速率相对较低，而广告宣传和拍卖等行业的数据在这三种速率上都非常高。判断更新速率是否有用的方法就是把它和读取的并发量进行对比。

5. 一致性

数据一致性通常指关联数据之间的逻辑关系是否正确和完整。一次性更新需要将数据快速传播到整个系统当中，在如此短的时间内，若存在少量的数据遗漏是可以被接受的。更新速率是请求中最主要的部分，而一致性是其中的关键因素。

6. 位置

一个访问请求需要哪些数据？这部分的数据如何定义？不同请求是否存在数据相同的情况？一般情况下，我们会利用搜索引擎来回答这些问题，即系统可以从任何地方查到与用户相关的数据和信息。

例如在邮件应用中，用户设定只有自己才能访问自己的邮箱，那么相对于整体数据来说，这部分的数据只是其中的片段。因此，企业可能需要存储更多的数据，以备日后使用。

7. 计算

数据可以预先运算和缓存吗？需要用什么样的方式对数据进行运算？可以用大数据的图表进行分析吗？应该将运算结果贴近数据，还是疏远数据？企业在面对这些问题时，应对计算方法予以重视。

8. 时延

数据的反应速度是否可以决定成功与失败？这取决于用户身处的场景。比如在网上购买车票或者在商场进行交易时，用户似乎可以接受几秒钟的处理时间；但在网上搜索时，用户期待得到迅速的回应，希望在100毫秒或更少的时间内看到搜索结果。

因此，企业应该找到一个想要对其进行分析的数据系统，然后填出上面8个约束条件，并且草拟一个能满足这些约束条件的方案。但是对数据进行约束的决定性操作是什么？它的瓶颈到底在哪里？这些都需要企业继续认真思考。

约束数据对认知事物有极大的帮助。偶发性的瓶颈往往会形成堆积，约束一个数据再激活或是修正另一个数据，不会对企业的设计和分析造成颠覆性的威胁。

基础性的数据则难于修复，也很难约束，因为这些数据在搜集或者被创建时通常以一些自然事实或者其他人为因素为基础。即使是运行速度最快的网站，也仍然受限于带宽，就如同飞速的火箭也会受限于自身的燃料重量一样。因此，企业要时刻保持对数据约束的思考。

7.3.2 5G让数据约束更安全、可靠

在5G的推动下，企业采集的数据量会更大，采集渠道也会更多，例如车联网、可穿戴设备等都可以成为数据采集渠道。当然，数据涉及的维度也会更丰富，这一点在前面已经讲过，这里就不再赘述。虽然5G对数据的这些影响都是积极、正面的，但如果无法对数据进行更严格的约束，那数据的价值和意义将会大打折扣。

现在，单一的大数据平台难以有效应对复杂、多样、海量的数据分析任务，而 5G 的大容量、低时延等特点恰好可以进一步促进数据分析技术的进步。无论是混搭式的大数据平台，还是推动式的处理技术，其发展目的都是进一步提高数据分析能力，加强数据约束。

相关数据显示，在 5G 时代，越来越多的数据将会通过边缘计算进行存储、处理和分析，以此优化大数据平台的工作流程。然而，即使边缘计算可以减缓大数据平台的部分压力，不断增加的数据也还是要得到安全、可靠的约束。

7.4　盘点三大类数据模型

企业利用各种各样的手段抓取了各式各样的数据，那么这些数据该如何利用呢？企业可以将抓取来的数据搭建成数据模型。如今，比较常见的数据模型一共有三类，即层次模型、网状模型和关系模型。这三类数据模型各有长处，企业可以根据自己的需求和实际情况来选择最适合自己的数据模型类别。

7.4.1　层次模型：Google如何做数据分析

Google 曾经推出电影票房预测模型，这个模型虽然只是 Google 的数据分析系统在电影行业的一个应用，但却可以提前 30 天预测电影上映后首周的票房收入。随着互联网的深入发展，人们逐渐习惯在线上搜集电影信息和购买电影票。Google 统计发现，电影信息的搜索量与票房收入之间存在着很强的关联性，这样的关联性在 5G 时代体现得尤为明显。

为了更精准地预测电影票房，Google 采用了大量的分析指标：电影预告片的搜索量、同类型电影票房的表现、季节性因素的特征等。在获取到这些分析指标后，Google 采用了最简单的线性回归来建立这些分析指标和电影票房之间的关系。

线性回归（利用数理统计中的回归分析，来确定两种或两种以上变量相互依赖的定量关系的一种统计分析方法）是大数据分析中最为简单的分析模式。那么，为何如此精准的电影票房预测会采取这种分析模式呢？

其一，线性回归虽然表面上简单，但是要求的精准度非常高，简单且效果好正是企业在实际应用中一直追求的目标；其二，简单的模型更容易被人们理解和分析。这就是 Google 在数据分析应用方面的高明之处。

大数据分析的核心是对用户需求进行挖掘，所以大数据分析的核心问题是用户的需求可以从哪些数据中被挖掘到。要知道，并不是用户的任何需求都可以被挖掘到，即使企业为此收集了大量的数据，那也只有精准度非常高的数据才可以被使用。

Google 数据分析系统的功能主要有以下几种，如图 7-3 所示。

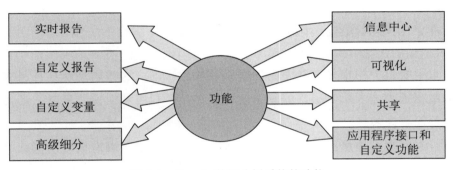

图 7-3　Google 数据分析系统的功能

（1）实时报告：在活动发生后立即衡量其效果。此时企业需要了解有多少用户在本企业的网站上，这些用户浏览的内容是什么。

（2）自定义报告：定义企业想要分析的信息。在大数据系统中打造企业的专属指标信息。

（3）自定义变量：创建和分析专属于企业的自定义细分。自定义变量可以帮助企业更细致地了解用户的分类，掌握他们与网站的互动情况。

（4）高级细分：轻松分析流量的特定部分。高级细分可以对高级用户或是访问次数较多的用户进行更细致的区分。

（5）信息中心：组织、监控和分享关键效果指标。综合性的信息中心内囊括了对企业最重要的几项"关键效果指标"。

（6）可视化：了解访问用户在网站上选取的路径。Google Analytics 可以为用户提供可视化网页和可视化图表等工具。

（7）共享：现在企业里的所有人都可以展开协作。当团队能够轻松共享信息时，以大数据分析作为决策依据才能达到最佳的效果。

（8）应用程序接口（Application Programming Interface，API）和自定义功能：企业的数据和格式由企业做主。Google 提供了不同样式的应用、插件和自定义功能，方便企业将 Google Analytics 整合到工作流程中。

Google 的数据分析系统再次展现了大数据在企业实际应用中的成功。近年来，大数据在各行各业的应用非常广泛，引起了很多企业的关注，但是这项技术对营销的作用到底有多大，根本无法用语言来描述，因为无形的价值不能被简单地衡量。

7.4.2　网状模型：以搜索引擎为核心

现实世界中很多事物之间的联系是非层次的，这时如果用具有层次的数据模型去表示非层次的联系就很困难，而利用网状模型来表达则会变得简单许多。

网状模型中最经典的就是蜘蛛策略，如果以这个蜘蛛策略为基础，那么搜索引擎进行数据抓取的方式可以分为以下几种，如图 7-4 所示。

1	宽度优化遍历策略
2	非完全Page Rank策略
3	OPIC策略
4	大站优化策略
5	网页更新策略

图 7-4　蜘蛛策略

第一，宽度优化遍历策略。

宽度优化遍历策略是一种简单的且历史悠久的蜘蛛策略实施方法。由于很多新提出的抓取策略并不比它更准确，所以这种策略至今仍然是实施蜘蛛策略的好办法。

宽度优化遍历策略的抓取顺序基本是按照网页的顺序进行的，这种策略能够优化网页的虚拟假设。

第二，非完全Page Rank（网页排名）策略。

Page Rank是一种著名的链接分析算法，也是Google算法的重要内容，可以用来判断网页的重要性。现在，不少企业都开始利用Page Rank的思路来对蜘蛛策略进行升级。

需要注意的问题是，Page Rank是对链接的全局进行运算，所以只有在网页下载完成后，其运算结果才是可靠的。而网页下载主要是依靠爬虫软件进行的，其在运行过程中有一定的限制条件，所以处在抓取阶段的蜘蛛策略往往无法获得可靠的Page Rank得分。

第三，OPIC策略。

在线页面重要性计算（Online Page Importance Computation，OPIC），从字面上来理解，它的意思是对在线页面的重要性进行计算，可以被看作是蜘蛛策略的改进版。

在算法开始之前，互联网的每个页面都会出现相同的数据，每当某个页面被下载后，就会将自己页面中的数据传送给其他页面，从而形成一个网状的结构。而待抓取地址队列中的网页，该算法则会根据数据的类型和数据的多少对其进行排列，并优先对下载和浏览量多的页面进行分析和保存。

第四，大站优化策略。

大站优化策略以网站为单位来判断数据的重要性，以数据的类型为标准对抓取地址队列中的网页进行分类，如果某些网站的数据或浏览量比较多，则会优先下载这些网站的链接。

大站优化策略的基本逻辑是尽可能地下载数据量比较大的网站，因为这样的网站往往包含更多的页面，网页质量也更高。相关实验表明，大站优化策略的算法效果要略优于宽度优化遍历策略，而且操作起来也非常简单、便捷。

第五，网页更新策略。

互联网的最大特征就是动态性，它每时每刻都在产生着海量的数据，随时都会有新出现的页面，而新的页面有可能被更改也有可能被删除。

对于爬虫软件来说，将页面中的记录和数据保存下来并不意味着结束了任务，它同时还要体现出互联网的动态性。本地下载应被看作对网页数据的监视和存储，而爬虫软件要尽可能保证其与动态网页数据的一致性。

举例来说，如果有一个网页已经被删除或者内容出现重大变动，而搜索引擎却对此毫不知情，仍然按原有的数据进行整理，并将其作为搜索结果提供给用户，那用户就可能会得到错误的数据和信息，搜索引擎也会因此失去用户的信任。

网状模型是一种比层次模型更自由、更普遍的结构，它允许节点与节点之间有多个联系。因此，网状模型在描述现实世界时更为直接，而层次模型实际上是网状模型的一个特例。

与层次模型一样，网状模型中每个节点都代表一个实体记录，每个实体记录都可以包含若干个属性，其与节点的连线之间有一对多的父子联系。

从网状模型的定义可以看出，双亲模型与层次模型之间的节点都是唯一的，而在网状模型中这种联系可以不唯一。因此每个联系在网状模型中都要命名，并要指出该联系的双亲节点和实体记录。

网状模型的数据操作主要包括查询、插入、删除和更新四步，如图7-5所示。

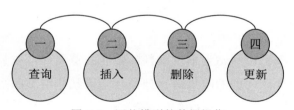

图7-5　网状模型的数据操作

在对网状模型进行插入操作时，可以插入不确定的节点值；但在进行删除操作时，只能删除双亲的节点值；进行更新操作时只需更新指定记录即可。

因此，网状模型不像层次模型那样具有很多的约束条件，但它在数据库中的操作却要受到一定的限制，即受到一定的完整性约束。

7.4.3 关系模型：简化数据库开发工作

对关系模型可以从以下三个方面进行解读，如图 7-6 所示。

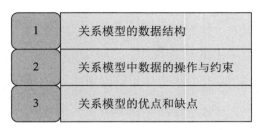

1	关系模型的数据结构
2	关系模型中数据的操作与约束
3	关系模型的优点和缺点

图 7-6　关系模型

1. 关系模型的数据结构

关系模型的数据结构建立在数学概念中的集合关系之上。按用户观点来看，关系模型由简单的数据结构组成，该模型要求实体与实体之间的联系必须是规范化的，同时还要满足一定的条件。条件的基本要求是关系中的每一个分量必须是不可分割的数据项，也就是说，不允许有嵌套的现象出现。

2. 关系模型中数据的操作与约束

关系模型的操作主要包括查询、插入、删除和修改数据，这些操作必须在满足约束条件的情况下才能执行。关系模型有三大约束条件，其内容如图 7-7 所示。

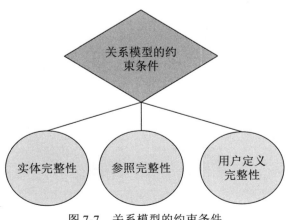

图 7-7　关系模型的约束条件

实体完整性是指数据库中的每一个基本关系都要满足主码的条件，同时还要保证元组的唯一性。参照完整性是指引用关系可以在完整性的定义表里面参考，即参照与被参照关系。用户定义完整性是针对具体的应用环境，可以对用户的完整性制定数据规则，反映的具体应用必须满足数据的语义要求。

3. 关系模型的优点和缺点

优点：关系模型是建立在严格的数学理论基础之上的。由于概念单一，关系模型只表示实体与实体之间的联系，其结构也比较清晰易懂。关系模型的物理存储和存取路径对用户透明，具有更高的安全保密性和数据与数据之间的独立性，并简化了数据库的开发工作。

缺点：由于关系模型的存取路径对用户透明，因而其查询效率就没有非关系模型数据的查询效率高。这样一来，为了提高性能，就必须对用户的查询访问进行申请设置，这就增加了数据库开发的难度和负担。另外，关系模型对实体间的联系不能以自热的方式表示，在语义信息不足时数据的类型也会比较少。

关系模型是目前应用最广泛，也是最为重要的数据模型。不过，企业要想很好地应用关系模型，必须注意两个关键点：一是紧随时代的发展，不断对其进行创新；二是不能分离用户与用户之间的关系。

在这个数据的作用越来越重要的时代，企业需要花费大量的财力和物力进行数据决策。在对数据进行决策时，要确保所收集的数据的正确性和及时性，坚持根据数据做任务、持续改进等原则。决策是一切数据工作的结果，决策正确与否取决于数据工作的质量，也就是取决于数据系统的质量。当数据决策全面实施以后，各项工作都将趋于无人化。

第 8 章

数据决策：
无人化的处理控制

8.1 数据测量：实事求是，不断优化

根据过程管理模式，数据测量工作应当执行 PDCA 循环。

（1）计划（Plan）：包括方针和目标的确定，以及活动规划的制定。

（2）执行（Do）：根据已知的数据，制订具体的方法、方案和布局，然后再根据设计和布局进行具体运作，从而实现计划内容。

（3）检查（Check）：总结执行计划的结果，严格按照规定分清哪些环节是对的、哪些环节是错的。

（4）处理（Action）：对总结的结果进行控制处理，然后总结成功的经验和失败的教训，并将成功的经验进行标准化，以便在下一个循环中提高编制数据的效率。除此以外，还要重视本次失败的教训，避免下一次再发生同类事情。

以上 4 个过程的运行是周而复始的，而不是一次就可以结束的。当一个循环完成后，一些问题得到了解决，那些还未被解决的问题就要进入下一个循环，从而让这个过程能阶梯式上升。

8.1.1 特定数据与数据收集计划

在讲解编制数据收集计划之前，先要了解应该收集哪些特定数据。特定数据主要分为 4 类，如图 8-1 所示。

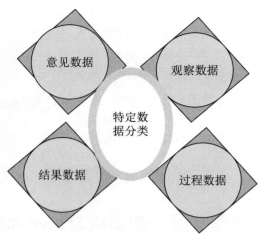

图 8-1　特定数据分类

收集意见数据时，需要考察用户的感受和想法；收集观察数据时，需要在看到信息和听到信息的同时用数据加以记录。观察数据往往比意见数据更加准确。这里需要注意的是，意见数据反映的只是一段时间内的一个侧面，如果企业发现只有意见数据可以收集，那么一定是遗漏了某些观察数据。

结果数据比过程数据要直观，它告诉企业的是一个直截了当的结果。但结果无论好坏，都已经成为过去。只有有了经验的积累，才能改变以后的结果。过程数据是具体过程的体现，由于这是在过程中收集到和观察到的数据，因此当企业发现问题的时候，如果过程还没有结束，那么就可以采取其他的措施及时进行补救。

对以上 4 组数据进行编制，建议把观察数据放在第一位，过程数据放在第二位，然后依次是意见数据和结果数据。

下面介绍一下收集数据的 4 个步骤。

第一个步骤：确定收集数据的目的和目标。

第二个步骤：相关人员对收集数据的计划中的操作定义和收集数据的方法达成一致意见。

第三个步骤：确保收集数据的重复性、再生性、准确性和稳定性。

第四个步骤：严格执行数据收集过程和数据检查工作。

收集数据时一定要从头到尾按计划执行，确保编制数据时的统一性和一致性。还要确保各种数据都能带领团队和成员达到目标，以便更好地利用这些数据做好其他工作。

了解了特定数据类型和收集数据的步骤之后，我们需要注意一下在收集数据时可能发生的问题，包括 3 个方面：一是收集数据时应该始终以用户的需求为中心，以最低的成本向用户提供最优质和最满意的服务；二是收集的数据和完成的项目必须是紧密相连的，编制数据的计划要符合项目要求；三是项目的目标是什么，这决定了应该收集什么样的数据。

总之，企业收集数据要能体现出以用户为中心的思想，并在海量的数据中选取少量的、能够达到指标的关键数据，从而为实现让用户们满意的结果奠定基础。另外，企业在分析数据和改进工作的过程中，要懂得随着过程的进行不断调整和优化。

企业收集数据不是为了达到符合标准要求的目的，也不是展示给领导看，更不是满足喜好，而是通过对这些数据进行编制来达到产品或服务增值的目的。

由于产品或者服务的增值是在营销过程中实现的，因此，收集数据后，企业应当处理并分析这些数据，根据这些数据的内在联系来采取相应的措施，以确定能够达到目的。

8.1.2　数据库如何控制数据

处理数据属于智能商业的范畴，收集数据、分析数据、制作表格等都是为了辅助商业决策。在大数据时代，围绕数据的商机有很多，例如：可以将有价值的数据进行包装，然后卖给其他企业，让这些企业利用数据去发现商机；可以根据用户的上网行为和浏览内容，制作个性化的广告，然后进行有针对性的发放；根据用户的消费习惯，为其推荐心仪的产品，等等。

大数据固然极有价值，但如何在利用它的同时控制好数据，是对一个企业的考验，因为数据在生活中无处不在，且数量庞大。例如：手机产生的各种记录，移动互联网产生的数据，取款、购物等各种行为产生的数据，等等。每个人每天的每个行为都会产生庞大的数据，人与人之间又彼此影响和联系，同样会产生大量数据。可以说，数据记录着这个世界的存在与变化。

以前，数据被人们看作附属物，但如今，数据已经成为企业的重要资产。每一次企业与用户进行交易都会产生数据。通过成千上万条信息的积累，企业能够准确知道用户的需求，并以此为基础，设计新产品和确定营销方向。

为了更好地管理数据，企业需要引入数据库的概念。数据库对数据的控制主要有以下 6 个显著特点，如图 8-2 所示。

图 8-2　数据库对数据的控制

企业要从快速、及时、方便、安全、准确、整合这 6 个显著特点出发，对数据库进行有效控制。下面具体介绍一下数据库对数据控制的体现，其内容如图 8-3 所示。

1	对数据快速的访问
2	能确保数据的整合性
3	保障数据的及时性
4	让数据的访问更便捷
5	保证数据的一致性
6	对数据进行权限管理

图 8-3　数据库对数据控制的体现

（1）对数据快速的访问，即利用数据库中的软件和硬件对数据进行快速访问。例如对刚收集来的数据，选择是否需要存储，或选择采用怎样的存储技术进行存储。

（2）能确保数据的整合性。当企业需要一年内的大量数据或者视图数据时，就需要数据库的整合支持。

（3）保障数据的及时性。当数据批量抽取不够时，需要及时对数据进行数据流处理。

（4）让数据的访问更便捷。这样不仅可以以表格的形式对数据进行管理，还可以以字段的形式对数据进行管理，从而使数据的控制更加细化、精准。

（5）保证数据的一致性，从而使数据更加可信。

（6）对数据进行权限管理。数据权限加以控制，可以防止企业的数据外漏，保障数据的访问安全。

传统的数据库并不能对数据进行分析控制，而新型的数据库使传统的数据库和面向分析的分析型数据库分离开来，形成各自的形式。

数据库的形态一般都是软硬件一体的，这样才能够达到最佳的控制效果。这样的数据库一般会采用更先进的查询技术，其中具有代表性的是大规模并行处理和列式处理技术。

8.1.3　在5G时代，数据处理能力大升级

在5G时代，VR/AR、车联网、物联网等应用对速率和时延提出了非常高的要求。然而，4G时代的数据中心缺乏与之相适应的数据处理能力，因此必须进行变革和升级。那么，数据中心应该如何提升数据处理能力呢？

首先，数据中心升级为异构化，即提升单台服务器的算力。当然，除了提升算力以外，5G也可以提升服务器的网络吞吐量以及数据要求。此外，引入图形处理器（Graphics Processing Unit，GPU）、专用集成电路（Application Specific Integrated Circuit，ASIC）、嵌入式神经网络处理器（Neural network Processing Uni，NPU）等芯片，也可以满足5G时代的算力和存储吞吐量的要求。

其次，通过SDP升级数据中心。数据中心的基础要求是性能稳定和控制成本。随着软件定义的发展与成熟，软件定义电源、软件定义网络、软件定义存储等技术也有了很大进步，这些技术都可以应用于5G时代的数据中心。

借助SDP，数据中心的电源分配不但可以变得更加自主，而且可以

一直持续。这也就意味着，数据中心的稳定性可以得到进一步优化，与此同时，高峰时段的用电量也可以减少，从而帮助数据中心节约运营成本。

综上所述，5G 将会给数据中心带来更大的计算压力，这倒逼着数据中心升级。因此，在 5G 时代，在越来越复杂的海量数据带来的压力之下，数据中心也必将拥有更强大的数据处理能力。

8.2　数据分析：实现处理结果可视化

大数据的应用不在于收集海量的数据，而在于对这些海量的数据进行分析和处理。各类海量的数据经过分布式的处理，就可以产生可视化的结果。根据数据及其内在的关联模式，借助计算机生成的图形对数据结果进行可视化处理，能够清晰地表达数据的价值。

8.2.1　为什么要对数据进行分析

大数据不等同于优质数据，它不会自动生成好的分析结果。如果收集来的数据不完整、有纰漏或者是被破坏过，就可能会导致企业管理者作出错误的决策。

美国哈佛大学的一名教授就曾因为在分析数据时对数据断章取义，而得出了错误的判断。当时他发起了一个大数据分析项目，通过社交网络，对社会人群中的工作和失业情况进行分类，以此来判断美国的失业率有多高。

通过情感分析的办法，教授和他的小组分析社交网络帖子和社会失业人员的关联性。在分析统计时，他们发现关于工作的帖子数量急剧上升，但和失业率没有丝毫的关系。因为他们忽略了词语的双重含义。

教授调查的"工作（jobs，job 的复数形式）"与"乔布斯（Jobs）"的写法相同，调查期间正值乔布斯去世不久，很多人发帖是为了纪念乔布斯，所以这个关键词和失业率无关，得到的结果显然是无效的。这个例子告诉我们，应该先分析数据的来源与准确性，再去做决策。

在大数据领域内工作的人员多少都遇到过"乔布斯"这样的问题。

有些关键的数据在短期内可以使用，但从长远来看，它们有可能带来毁灭性的伤害。因此，企业需要收集更多关键的数据来解决问题，这就需要更多的人参与其中。

当用户在网页搜索一个关键词时，便会看到与关键词相关的和不相关的页面同时出现。如果不更改关键词并继续浏览页面，就会发现这些页面的内容与最初搜索的关键词正在以某种形式偏离，有时候偏离得比较小，有时候偏离得很大。

大数据的内容分析是关键。然而，越来越多没有经过分析的数据正在"帮助"企业作决定。曾有报道公布，一个人购买药物的记录被一家保险机构得到，因为从这个人的记录中看出这个人有心理健康问题，所以该保险机构就拒绝为其上医疗保险。

还有信息显示，有的银行会根据从用户社交网络中收集的个人信息，来判断是否允许其申请贷款。如果银行在收集数据的过程中发现申请人有不守信用的情况，那么该申请人的亲友的信誉度也会受到一定影响。

总之，大数据是一个辅助企业的工具。当它将大量的信息呈现在企业面前时，企业需要对其进行理解、分析，才能从中得到有价值的东西。

8.2.2　数据分析的4种方法

目前，数据分析方法主要有以下 4 种，如图 8-4 所示。

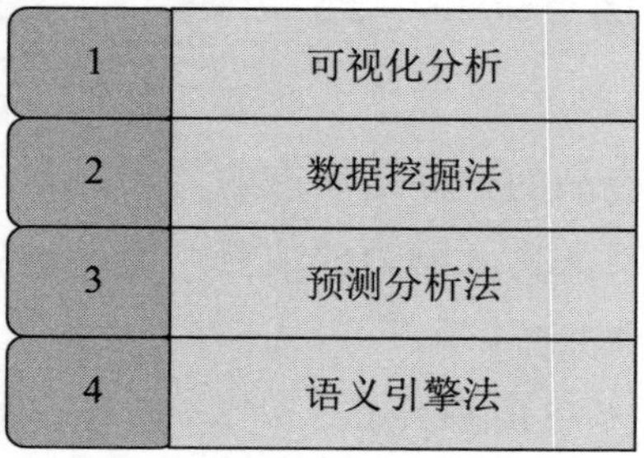

1	可视化分析
2	数据挖掘法
3	预测分析法
4	语义引擎法

图 8-4　数据分析的 4 种方法

1. 可视化分析

不论是大数据分析师，还是普通的用户，对数据分析的第一步就是可视化分析。因为可视化分析能够直接展示出数据的特点，就像看图说话一样一目了然，这样才能轻易地被接受和理解。

2. 数据挖掘法

大数据分析的核心就是对数据进行挖掘，具体的挖掘方法是根据数据的不同类型来确定的，这样才能更准确地呈现出数据的特征。我们只有深入数据内部，才能挖掘出数据最大的价值。

数据挖掘法的优点在于它能够更快地处理数据。如果一个分析数据的方法需要花费几年才能得出结果，那之前收集的数据也就没有什么价值了。

3. 预测分析法

预测分析法可以从大数据中挖掘出特点，通过特点建立模型，然后再把模型带到数据中去预测未来的趋势。

4. 语义引擎法

非结构化数据的多样化，给数据的分析带来了不小的挑战，企业需要利用一套工具抽取有用的数据并进行分析。语义引擎的设计能够帮助人工智能从数据中主动提取信息。

数据分析离不开数据以及对数据的管理。无论是在商业的应用领域，还是在大数据的研究领域，追求有效的管理和高质量的数据能够保障数据分析的准确与价值。

8.3 定价机制：智能调节，省时省力

智慧营销时代，产品的价格是动态的，如果专门安排人员来人为调整价格，无疑是一种对人力、财力的浪费。为了避免出现这种情况，企业需要引入自动的定价机制。

举例来说，为了吸引用户注意，同时也为了提升产品的市场竞争力，亚马逊的定价系统曾将《圣经》的价格调整过多次，其中最高价格为 16.99 美元，最低价格为 8.49 美元。而这些决策多数都是由电脑根据搜索的数据自动做出的。

8.3.1 怎样借助数据为产品定价

据艾瑞咨询数据，在没有损失的情况下，产品平均价格每上涨 1%，企业的营业利润就会同比增长 8.7%。由此可见，正确定价对企业的营业利润有非常大的影响。然而，很多企业总会因为各种各样的原因，不能作出最佳的定价决策。

传统的定价方法是企业根据简单的因素来制定价格，如产品制造成本、标准利润、类似产品的价格和批量折扣等。做得比较好的企业可能还会把影响价格的一些具体信息考虑在内，例如分析竞争产品的成本与该产品对用户而言所具有的价值，从而找到用户愿意支付的合理价格。

对一家拥有几种产品的企业而言，这种定价方法或许很简单，但对于那些拥有多种产品的企业来说，人工定价的方法就显得比较棘手。因为传统的定价方法不仅会耗费大量的人力、物力，最后也几乎不可能完全释放产品的价值。

更糟糕的是，人工定价有时会依赖"经验""市场价格"等主观因素来采取行动。可以想象，这种定价方法只有两个结果：一是用户认为价格太高，不想购买；二是价格定得太低，企业利润受损。无论是哪一个结果，损失都要由企业自己承担。

大数据时代的到来，使企业能够获取海量的数据。这些数据为企业提供了一个制定更好定价决策的机会，但如果企业不能及时发现或者利用数据带来的机遇，那么很可能会错过几百万元甚至上千万元的盈利。

但是，从海量的数据中分析出最佳的定价决策不是一件简单的事情。在此过程中，用户的数量会不断激增，而价格也需要与数据保持同步，种种因素导致多渠道的复杂性不断提升。在这样的情况下，企业要想扩大利润空间，就必须明白现在可供企业使用的数据，然后利用数据根据产品的层次而非类别为产品找到最佳的定价决策。

想要制定更合适的价格，那么获得足够精细的数据是必不可少的。为了获得足够精细的数据，企业要做好以下 4 项工作，如图 8-5 所示。

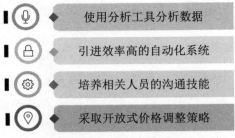

图 8-5　获得足够精细的数据的 4 项工作

1. 使用分析工具分析数据

很多企业都已经拥有了庞大的数据库，这是制定合理价格的基础。关键问题是如何分析数据，利用数据推动价格决策。企业可以利用优秀的分析工具确定经常被忽视的因素，例如产品偏好、销售代表洽谈以及更宏观的经济形势等，然后再根据这些因素确定用户群和产品价格，促进产品的销售。

2. 引进效率高的自动化系统

如果用人工来分析海量的数据，既耗费时间又耗费精力。因此，企业要引进效率高的自动化系统来大大简化复制和调整分析的工作。这样当中途出现问题时，由于系统存储了数据，因此不需要再从头开始分析，从而减少了不必要的重复性工作。

另外，自动化系统还能识别狭小的用户群，确定是什么因素左右了每个用户群的价值，并且将历史交易数据进行比较，从而为产品制定有针对性的价格。

3. 培养相关人员的沟通技能

根据大数据为产品制定价格，虽然快捷又准确，但是这不仅会给营销人员带来挑战，还会给企业之间的沟通和交流带来挑战。

成功的企业非常注重深思熟虑，当采取变革计划时，要帮助销售队伍了解并接受新的定价方法，向销售代表们解释为什么要实行新价格以及这套价格体系是如何运作的，这样销售人员在销售产品或服务时才更容易说服用户。

为了让销售人员充分了解价格决策，企业需要制定一套明确而清晰的沟通方法，着重突出产品或服务的价值，然后针对具体用户给出相应的理由。

此外，对销售人员进行全面培训也至关重要，这能让他们获得信心，他们在与用户进行面对面交流时，也能拿出颇有说服力的理由。

4. 采取开放式价格调整策略

销售人员作为与用户直接接触的一线人员，拥有较强的价格分析能力，因此，企业还需要将相关的权力下放给销售人员，让他们自行调整价格，而不是死板地依赖团队作决定。当然，这种开放式价格调整要针对特定的用户制定，在改变定价策略和绩效衡量标准的同时，可能还要改变激励机制。

制定合适的价格，不仅仅要着眼于简单的定价，还应考虑到企业商业引擎的其他方面。以动态交易评分（Dynamic Deal Scoring）为例，它提供了单笔交易层面的价格指导，还提供了决策逐级上报点、激励机制、绩效评分以及其他更多方面的指导，一切都立足于一系列相似的盈 / 亏交易。

另外，使用较小的、相关的交易样本也很有必要，因为与任何一笔交易息息相关的因素一旦发生变化，就可能对一系列总体交易产生非常严重的影响。

总之，企业要制定合适的价格，就应该充分利用大数据，并投入足够的资源来支持销售代表，否则很可能会付出高昂的利润流失的代价。

8.3.2　牢牢把控定价方向

在运用大数据自动定价机制时，企业要对以下 4 个方向做好把控，如图 8-6 所示。

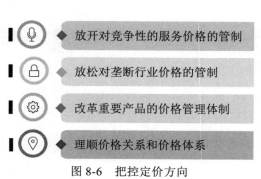

◆ 放开对竞争性的服务价格的管制

◆ 放松对垄断行业价格的管制

◆ 改革重要产品的价格管理体制

◆ 理顺价格关系和价格体系

图 8-6　把控定价方向

1. 放开对竞争性的服务价格的管制

根据国务院相关部门颁布的法律法规规定，交通运输、邮政电信、金融结算等交易服务的价格基于准价格浮动，医疗价格、药品价格不得超出市场的定价，除了这些之外，其余商品和服务的价格都可以由市场自行调节。

因此，企业应该放开对竞争性的服务价格的管制，让企业内部各部门依据相关规定灵活调整价格。

2. 放松对垄断行业价格的管制

我国目前垄断行业的问题主要来源于市场的增长对资金的需求。20世纪80年代中期，基础产业和垄断行业成为当时我国经济发展的瓶颈，依靠政府的投资已经无法满足市场增长的需求。为了解决资金供给不足的问题，吸引社会资金和放松对垄断行业的价格的管制就成为当前合乎逻辑的政策。

3. 改革重要产品的价格管理体制

在管理市场上的一般服务时，企业要放开对价格的管制，让市场自行调节；对比较重要的产品的价格，应采取灵活多样的形式自行调节。在调节价格的同时，企业还要处理好自身与用户之间的关系。

4. 理顺价格关系和价格体系

企业在自动化营销中除了要放开对具有竞争性价格的产品的管制以外，还要根据政府管制和自行调节，对价格进行升降调整。产品的价格由市场价格、政府定价和政府指导价格3种形式构成，因为现在市场价格的比重逐渐增大，所以企业对市场价格变动的认识也要有所增强。而且企业在自行调节价格的时候还需要注意打破垄断行业对产品价格的控制。

8.4 用户跟踪：与用户建立强关系

很多专家认为，亚马逊在网购搜索方面做得很优秀，因为它不仅有舒适的购物环境，还有用户跟踪系统。只要用户在亚马逊的网购平台上浏览过产品，其信息就有可能被亚马逊追踪到。此外，亚马逊能够在网购用户整体有所减少的情况下，使其网购平台的用户有所增加，这也是用户跟踪系统的功劳。

无论在什么时代，用户都是企业生存发展的根本，这个理念已经融入了各行各业。很多有实力的大型企业都开始采用 CRM 用户管理系统，希望通过它了解到更多的用户信息，从而提高用户的质量和价值，使企业更好地发展。

8.4.1 用CRM系统跟踪用户

用户关系管理（Customer Relationship Management，CRM）的宗旨是以用户为中心，将用户看作最宝贵的资源，通过分析、管理用户信息并持续跟踪用户，使其具有长期价值。

CRM 系统要求企业以用户为中心来设置自己的流程，通过获得用户的满意程度和忠诚度来提高企业的盈利指数。那么企业该如何利用 CRM 系统跟踪用户并赢得用户的订单呢？其操作步骤如图 8-7 所示。

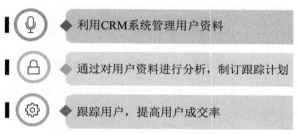

图 8-7　用户跟踪系统的操作步骤

第一步，利用 CRM 系统管理用户资料。

利用大数据技术收集来的用户资料都是零散的，营销人员无法以此为基准制定营销策略。如果企业在平时收集用户资料时就将用户信息导入 CRM 系统中，则不仅便于以后对用户资料进行筛选，也有助于确定目标用户、为用户分析提供线索。

第二步，通过对用户资料进行分析，制订跟踪计划。

通过海量的用户资料，对用户进行深度分析并从中获取有价值的信息，不是一件容易的事情。但是只要充分利用 CRM 系统的用户跟踪分析策略，这项工作就会容易得多，常见的分析策略如图 8-8 所示。

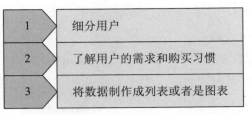

图 8-8　CRM 用户跟踪分析策略

1. 细分用户

通过分析用户信息，包括用户的行业、行业规模、消费习惯等，确定用户的类型和等级，例如高消费用户、普通用户等。这样更能明确目标，从而有针对性地为不同的用户提供不同的服务。

2. 了解用户的需求和购买习惯

将用户按照其需求和习惯分类，可以筛选出同一类别的用户，并形成一个个用户群，再对这些用户群进行深度挖掘，以便获取更多与其相关的信息，招揽更多的用户。同时还要把握好企业的发展趋势，做好产品的提升，并针对不同的用户制订不同的营销计划。

3. 将数据制作成列表或者是图表

在分析数据时可以将数据制作成图表，这样看起来更加一目了然。例如营销人员可以在图表中查看业务进行的阶段，查看年度业绩，并对未来的业绩做出预测等。

第三步，跟踪用户，提高用户成交率。

在营销的过程中，企业一定会与用户产生互动，例如营销人员会走访用户。管理数据的人员可以在 CRM 系统中记录这些互动的详细情况，并跟踪用户。要想跟踪用户，必须做到以下 3 个方面，如图 8-9 所示。

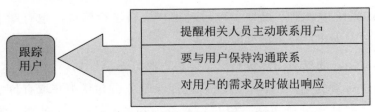

图 8-9　跟踪用户的做法

1. 提醒相关人员主动联系用户

在 CRM 系统查看用户信息时，相关人员可对用户的购买记录和其他数据进行跟踪。如有必要，在 CRM 系统中设置跟踪的提醒时间，提醒相关人员主动联系用户。企业主动联系用户不仅能表现出企业对用户的尊重与关注，也能进一步了解用户的真实需求，并据此调整自己的营销策略。

2. 要与用户保持沟通联系

保持沟通联系是跟踪用户的关键所在。CRM 系统支持免费的邮件和信息发送，营销人员可以设置好问候短信或者是祝福邮件进行定期发送。要保证每个星期至少与用户联系一次，这样就能够给用户留下比较深刻的印象，让用户在有需求时可以在第一时间想到企业。

3. 对用户的需求及时做出响应

要想在用户有需求时能够及时做出响应，首先要灵活制订用户跟踪计划。在跟踪用户的过程中，营销人员要能够及时地从 CRM 系统中了解用户的需求，从沟通中发现问题，并协助其他负责人员解决用户的需求或顾虑，从而赢得用户更高的满意度。

CRM 系统能够记录每一次的业务跟进和行动计划，能够帮助营销人员清晰地了解自己的跟踪情况，并从中发现自己行动中的问题，为下一步的跟踪计划提供参考。

用户是企业营销的对象，有了 CRM 系统，企业就不用再担心联系不上用户。当企业借助 CRM 系统提升了对用户的了解后，再辅以合适的营销手段，业绩一定会有所上升。

8.4.2　5G助力自动化数据预测

企业能够运用数学运算对海量的数据进行分析，预测未来可能发生的事情。5G 的发展能在此基础上放大数据预测的能量。

预测是大数据的力量的核心，这一点已经被多次证明。微软的副总裁布拉德·史密斯曾介绍过："微软生产的一款数据驱动软件，能够通过风扇、空调、电器、电灯等电器积累下来的海量数据，知道如何节省能源。仅这个数据的搜集，就可以为世界节省 40% 的电能。"

由此可见，大数据开启了一个重大的转型时代。就像是望远镜让我们看到了宇宙的广阔、显微镜让我们看到了肉眼看不见的东西一样，大数据正在改变着我们的生活方式和对世界的了解，它已经成为众多发明中不可缺少的工具。

虽然大数据应用的范围和领域已经越来越广，但是依然有一些领域并不存在大数据。也就是说，大数据还没有覆盖到所有领域。

在这种情况下，大数据就有可能会出现预测不准的情况。不过在 5G 出现以后，这样的情况就有了明显改善。5G 的覆盖范围较之前有了很大提高，甚至覆盖到一些偏远地区，企业可以收集到更多的数据，进一步提升了企业的预测能力。

即使有 5G 的强大助力，企业要想利用好数据预测，也必须建立数据模型，而且要在预测和实践中学会并尊重数据所揭示的规律，否则只能失败。为了更好地了解数据预测，企业首先要对数据预测的 4 个因素有所认识，如图 8-10 所示。

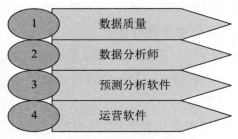

图 8-10　数据预测的 4 个因素

1. 数据质量

数据是预测分析的血液。数据通常来自企业内部和用户交易，但这显然并不全面，我们还需要搜集一些其他的数据，如行业市场数据、社交网络数据等。与其他应用技术不同，这些搜集而来的数据不一定都是"大数据"，但是其中的变量能够帮助企业更有效地预测。总之，数据越多，数据的质量越高，预测的精准性就越高。

2. 数据分析师

数据分析师必须了解企业的目标，并根据用户和企业的业务，审视数据、预测未来的方向，例如如何提高销售额、如何保持企业生产线的正常运转、如何防止库存短缺等。因此，数据分析师需要拥有计算机、统计学等多个领域的知识。

3. 预测分析软件

数据分析师必须借助预测分析软件来对数据进行分析和预测，在此过程中，预测分析软件可以提供运算能力，让数据变得精准、高效。

IBM 的 SPSS 和 SAS 这两个数据分析软件是数据分析师最常用的。如果收集到的数据达到了"大数据"的要求，那么企业或许还需要分析数据的平台。

4. 运营软件

企业在利用数据分析软件找到数据预测的规律后，下一步要做的就是把数据预测的规律植入应用当中。借助 5G、人工智能等技术，预测分析软件可以主动产生代码，达到自动化预测的目的。但在此之前，企业要将预测数据准备好，以便利用预测规则对业务管理系统和复杂事件的处理平台进行优化管理。

大数据预测是众多数据分析人士的终极梦想，利用大数据预测能够为企业做好业务决策、卖出更多的产品和提供更好的服务提供依据，从而尽量使企业在保证发展的同时避免可能出现的灾难。

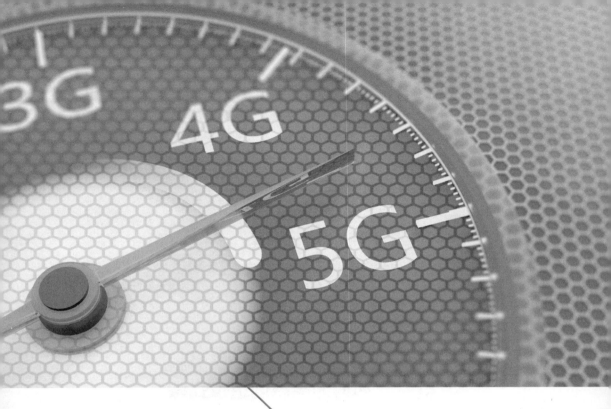

下　篇

智慧营销实战
技巧

5G 促进了技术的升级与设备的更迭。同时，在 5G 的影响下，用户的身份、感受、体验以及接收信息的方式，都发生了变化。因此在 5G 时代，企业要想获得发展，就必须围绕用户打造新型品牌建设路径，这也是品牌式智慧营销的关键点。

在新型品牌建设路径的打造过程中，仪式感、故事、传播策略非常重要。首先，仪式感有利于帮助企业识别用户的身份转换，让品牌在 5G 的加持下更有"人性"；其次，故事可以促进用户对品牌信息的接收，这在 5G 时代是非常重要的获客手段；最后，5G 加快了信息传播的速度，企业可以借此及时、大规模地宣传自己的品牌。

9.1　如何为品牌创造仪式感

在 5G 时代，各式各样的品牌层出不穷，品牌的宣传手段也在不断创新。企业要想从品牌竞争中脱颖而出，就不得不拿出独特的"看家本领"，例如为品牌创造仪式感。此举不仅有利于品牌的宣传和推广，也是企业对用户传递信息和经营理念的最佳途径。

因此，了解如何为品牌创造仪式感对于企业来说非常重要。为品牌创造仪式感的方法有很多，例如识别用户的身份转换、做好资源配置等。在这方面，很多企业做得非常不错，值得其他企业学习和借鉴。

132

9.1.1　识别用户的身份转换

很多企业对用户存在着错误的认知，认为用户只是产品的购买者。但实际上，用户有购买者、受众、体验者和传播者四种身份，如图 9-1 所示。识别用户在这四种身份中的转换，能够帮助企业为用户提供更好的服务。

图 9-1　用户的身份

1. 购买者

企业对用户身份最普遍的认知是购买者，推出的各种广告宣传及营销手段也都是为了吸引这一人群的注意力，促使他们产生购买行为。在用户的购买行为完成之前，企业应与用户进行严肃且快速的沟通。严肃是因为企业应重视用户的购买行为，分析用户购买产品的原因及背后的动机；快速是因为用户的注意力集中的时间很短，很容易转移到其他地方，因此企业必须说服用户快速完成购买行为。

企业在与购买者身份的用户沟通时需要掌握一些基本的营销方法和技巧：一方面可以抛出产品的优点来观察用户的反应，从而找准用户需求，对症下药，触发用户的购买心理；另一方面应明确用户的购买因素，并将其及时反馈到后台，随之优化产品及服务。

2. 受众

在当今的信息化时代，用户每时每刻都在接收各种各样的信息，受众是产品未来的购买者。企业想要将产品销售给更多人，首先就需要扩大产品的受众范围，这也是很多企业投入大量的资金来打造产品的宣传广告或将产品信息植入娱乐节目中的重要原因。

受众一旦增加，就意味着会有更多的人对产品产生购买欲望，最终成为产品的用户。在受众做出购买行为时，他们的身份就转变成了购买者，企业就能变被动为主动，尽全力留住用户。因此，为了吸引受众，企业应打造优秀的宣传策略，让他们在接收到企业发出的信息时能够对产品产生兴趣甚至迅速认可产品，这样企业才能进行接下来的行动。

3. 体验者

很多企业为了刺激用户的购买欲望，采用试吃、试用等方式来吸引用户成为体验者。用户一旦在体验过程中能够认同产品或服务，就很容易转变成购买者。

对于企业来说，用户完成购买行为并不代表双方关系结束，因为用户的体验不仅发生在购买产品前，更发生在购买产品后的每一次使用过程中。后续体验的质量决定了用户是否会成为产品甚至企业的忠实拥护者并重复购买产品。

举例来说，三只松鼠的销售额之所以能够连续多年都在电商坚果类中居于首位，最主要的原因就是它非常重视用户的体验。三只松鼠从用户角度出发，在细节处花费了很多心思。例如用户在拆开三只松鼠的快递包裹后，会看到松鼠尾巴造型的开箱器、包装盒内贴心附赠的湿巾、方便实用的渣袋等超出预期的惊喜。三只松鼠的这些准备将用户从拆箱、享受美食到处理垃圾的过程安排得明明白白，给了用户贴心周到的体验，让用户产生被企业重视的感觉。

三只松鼠在线上营销大获成功之后，又积极布局了线下"投食店"。"投食店"打造了温馨的氛围，强调与用户的互动，为用户带来更直观、良好的购物体验。

三只松鼠的成功案例说明了注重用户体验的重要性，更为企业呈现了一个很好的模板：打造出自己的品牌文化，在产品设计、销售、售后过程中时刻贯彻品牌理念，保证为用户提供优质的体验。

4. 传播者

用户在体验过产品之后，会针对产品的功能、服务、性价比等因素发表自己的评价，这时，用户的身份就转变为传播者。企业无法控制用户的喜好，却可以通过自身的努力争取获得用户的正面评价。

传播者的评价会对产品及企业的口碑造成很大影响，因此，企业应该重视与用户的每一次接触，提高每一次服务的质量，尤其要重视产品的售后服务。当用户在体验产品或使用产品的过程中发生问题时，企业应该积极且迅速地解决问题。这样即使用户会产生负面的情绪，也会对企业的反应给出正面评价，从而给企业带来好的口碑效应。

广告中有一个"千人成本"的概念，指的是通过广告媒体传播达到1000人的成本。如果企业能够通过用户的传播者身份打造出良好的口碑，就可以节省这个成本，为自己的品牌做更扎实的宣传和推广。

虽然 5G 的优势是"快"，但是企业从打出知名度到获得用户的忠诚度是需要时间的。在这个过程中，用户一直扮演着重要的角色。所以无论企业取得了怎样的成就，也无论企业要如何追求"快"，都应该注意用户在购买者、受众、体验者和传播者这四种身份之间的转换，以便得到用户的认可。

9.1.2　性价比最优化配置资源

在 5G 出现之前，定位就已经是企业在构建品牌时的重要环节。而在 5G 出现之后，企业除了要找准定位以外，还要针对定位设计出最优的资源配置方案，以此来提高性价比，将品牌精准、深刻地"钉"到用户心上，实现品牌的差异化传播。

美团和可口可乐联合举办过名为"中华美食 30 城非凡寻味之旅"的活动。可口可乐以美团的大数据分析为基础，挑选出 30 种有代表性的中华美食，定制了 30 款"城市美食罐"，在线上通过 5G 和 AR 解锁美食故事，为用户发放优惠好礼。美团则在线下招募上万家优质餐厅，铺设"城市美食罐"物料，希望增加供给渠道，帮助可口可乐与美食场景实现连接。

美团和可口可乐借助 5G、AR 等技术，以及线上和线下资源，在短时间内迅速提升了自己的形象，使自己的影响力和品牌辐射度都有了很大提升。

由此可见，企业的高投入虽然能够为品牌传播带来优势，但这并不是打造品牌和建立口碑的决定性因素。当然，企业想要只借助营销文案，而不做任何投入，完全零成本打造品牌，也是不太可能的。

一个企业不能打响品牌，就无法在用户心智中占据一定的地位，企业为宣传做出的一切努力也都会因缺乏目的性而无法落到实处。如今正处于信息爆炸的时代，用户每天都被各种各样的信息轰炸，其成功接收并记住的信息是十分有限的。企业想要得到与付出等量的收获，就要学会正确地配置资源，合理运用各种传播渠道，率先抢占用户的心智。

电视、电梯广告、户外广告牌、报纸、杂志等线下媒体仍然有着自身不可替代的优势。例如电梯广告具有强制性、反复性等优势，户外广告具有高曝光及信息传播的集中性等优势。因此，企业在线下的投入是必不可少的。当然，企业应该根据产品的性质，选择性价比更高的传播渠道，这样才可以带来效果最好的流量转化。

与线下媒体相比，线上媒体的广告形式则更丰富，交互性更强，讨论度更高，机缘巧合之下很可能会引爆话题。另外，线上媒体的广告经常会附带产品的快捷链接，购买引导性更强，信息接收者一旦对产品产生兴趣，只需轻轻一点便能转换为产品的用户。

线上媒体与线下媒体各有优势，企业应扬长避短，全力发挥二者的作用，达到"1+1>2"的效果。除此之外，企业通过扩大产品所占的市场份额也能够提升品牌的影响力，二者是相辅相成的关系。

总之，各种传播渠道并不是互斥的，企业可以采取多渠道联动、多角度宣传的方式，宣传企业品牌。在构建品牌、宣传品牌时，企业可以借鉴以下思维。

1. 弯道思维

弯道思维指当直接完成目标会面临强大的竞争对手阻挡或者打击时，可以选择"绕道而行"，在"弯道"上寻找适合自己的发展方向。同理，当自身资源较少，没有能力与同行业的竞争对手"硬碰硬"时，企业就需要将目标转移到"弯道"上，思考对方忽略的区域以及该区域内的用户需求，以此立身发展并开创自己的特色品牌。

2. 不可胜在己，可胜在敌

"不可胜在己，可胜在敌"的意思是企业应提高自身的竞争力，避免因自身原因而导致失败，并能够精确捕捉竞争对手的失误，抓住机会取得胜利。这样的思维方式，对内能够使工作人员避免投机取巧的心态，使其不因失败而浮躁，不因进步而自满，坚守自己的成长路线不动摇；对外可以警示企业正确看待同行业的竞争对手，既不因竞争对手的强大而气馁，也不因竞争对手的一时失误而小看对方，客观评估对方的实力并小心应对。

在保证产品过关、服务完善的情况下，企业借助优秀的战略思维，以最优的性价比来配置资源并投入宣传，就能够轻松获得高回报，提升品牌影响力。

9.1.3　重复：任何品牌都需要沉淀

很多企业为构建品牌采取了各种营销手段，也打造了动听的品牌故事，但在获得了短暂的成功后又迅速消失在大众的视野中，如流星转瞬即逝，而这种现象在未来的5G时代中将更加普遍。5G时代的到来将引发信息大爆炸，如果企业不愿意停下来对品牌进行沉淀，那就会被不断涌现的新产品、新服务所淹没。

缺乏足够分量的品牌只能在用户心中轻飘飘地路过，而无法占据长久的地位。同时，也有一些企业过分看重营销的作用，投入大量的资金进行营销推广，但投入的资金与取得的营销效果却不能成正比。

有些企业希望通过广告将品牌打入用户的内心，却忽视了用户的想法。当企业不再关注用户，并且对自身品牌以及产品定位不明确时，一味大批量地投放广告，只会引起用户的反感，甚至受到用户的抵触。

同时，大批量的广告投放意味着巨大的营销成本，无论广告最终是否有效，这些成本都需要用户来承担。企业操作不当的话，很有可能不仅没有招揽到新的用户，反而会因为转嫁成本而导致原有的忠实用户流失，损害品牌的形象。

另外，企业在营销方面与竞争对手进行博弈时，很容易使自身陷入进退两难的境地。企业需要不断地在营销上投入资金来压过对方，如果博弈失败，企业将面临用户、财产两失的局面，很有可能被资金亏损拖垮；即使最终企业在博弈中取得了胜利，也会元气大伤。

因此，企业应时刻注意对营销"度"的把握。适度营销可以为企业带来一定的收益，过度营销却只会得不偿失。

除了在营销上不能浮躁以外，企业在品牌运营上更应慎重。诞生在湖北武汉的周黑鸭之所以能够成为炙手可热的零食品牌，就是因为它的品牌在发源地得到了很好的沉淀。

周黑鸭的产品本身就具有一定的竞争力，其口味能满足绝大部分用户的需求，其价格也能为大众接受，各方面因素都平衡得很好。但周黑鸭并没有急于攻占全国市场，而是踏踏实实、一步一个脚印地发展自身，耐心打磨品牌的口碑。通过人们的口耳相传，周黑鸭的名声越来越高，得到了越来越多人的认可，此时周黑鸭才将目光转移到更广阔的市场，最终发展成为全国热销产品。

因此，企业不应该盲目前进，而要对自身发展有明确的规划，在适当的时候懂得停下来，慢慢积累实力、打磨品牌，这样接下来的路才会走得更明确、更顺利。

9.2　打磨一个优秀的故事

5G 改变了用户接收信息的方式，换句话说，在 5G 时代，无联系、无逻辑、无爆点的信息已经不能给用户留下印象。因此，为了让品牌变得有内涵、更容易被用户认可、更能进入用户的心里，企业需要赋予品牌一个故事，让品牌不再是虚无缥缈的概念，而是有呼吸、有脉搏、有血有肉的一个形象。

9.2.1　故事是最好的品牌传播形式

《人类简史》中曾提到过，人类之所以能够在危机四伏的大自然中结合成群体并不断进化，原因是人类有共同的信仰。也就是说，共同的信仰让人类形成社群、得以生存。而这些信仰慢慢演变成了一个个鲜活的古老传说流传下来，最终人类的神话故事诞生了。这些神话故事的流传范围极广，流传时间也极久。

一个好的故事能够获得范围更广、时间更久的传播，将这一特性应用在企业的品牌的塑造中，就可以理解为企业应创造一个故事来传播品牌，并且这种方法在很大程度上是有效的。以故事为载体的传播形式能够吸引大量的用户，这些用户的转化率也是惊人的。

在新媒体时代，比较流行的一个营销手段是跨界联合，就是将品牌、产品与漫画、小说、电影等各种故事表现形式结合起来，把故事的粉丝转化为品牌的用户，从而高效地进行品牌营销。

在很多时候，一个品牌有了故事，就能够超脱品牌和产品的束缚，凭借其所具有的故事性而不断传播。故事在传播的过程中能够为品牌吸引更多的用户。阿里巴巴创始人马云的故事和阿里巴巴的品牌一起在故事的传播中被无数人接受并传播，从而使更多的人通过故事了解了阿里巴巴的品牌。

很多知名的品牌都拥有一个和品牌紧密结合的故事，因为大量的实践表明，企业为品牌打造一个故事是推动企业品牌传播的有效形式。

9.2.2 故事三要素：背景、人物、情节

企业想要通过一个好的故事将品牌信息传递给用户，就需要能够和用户产生共鸣。

那么怎样的故事能够使用户产生共鸣呢？总的来说是具备以下三个要素的故事。

第一，背景真实化。

企业需要将故事的背景尽可能地放置在真实的生活环境中，使故事发生的环境和背景描述更加贴近用户的生活环境，让用户感到故事是真实的，是贴近现实生活的。例如刘强东在讲其个人故事时就从其学生时代开始讲起，这种贴近普通人生活现实的故事背景有利于用户接受故事并产生共鸣。

第二，人物模糊化。

企业在讲述品牌故事时，需要将人物进行模糊化处理，而不需要将人物的能力、经历和性格描述得太详细。因为描述得太具象虽然能够使人物形象更加鲜明，但是也可能会使没有经历过这些事情的用户感到迷惑，从而降低对故事的亲切感和代入感。

很多企业在讲述品牌故事时就注意到这一点。例如阿里巴巴在讲创始人的品牌故事时，就模糊了创始人的专业技术能力，而着重讲述创始人不折不挠、努力奋斗最终成功的故事。这样更能够使用户产生代入感，从而有利于故事的传播和品牌的推广。

第三，情节的借鉴性。

大多数故事并不是独一无二的，它们可能拥有相似的情节，因为这些情节大多借鉴了普通人身边发生的事情。比如大多数互联网企业的故事都是很相似的，因为其故事借鉴了生活中普遍发生的某些事情，并把这些事情的情节融入故事中，这样不仅能够使故事更加具有可看性，也

更能让用户产生共鸣。

能够让用户产生共鸣的故事就是好故事。也就是说，把握好品牌故事的三要素，对企业的品牌故事进行组织和打磨，让品牌故事能够引起用户的共鸣，那么就有利于品牌形象的树立和传播，也有利于让用户熟知并记忆品牌，同时，还有利于使用户成为品牌故事的传播者，从而扩大品牌的影响力。

9.2.3 创业故事与品牌建设

在本小节中，我们将展开讲述一个成功的品牌故事的案例。

罗永浩曾开展过一次推广锤子手机的演讲，演讲的主题是《一个理想主义者的创业故事》。在这次演讲中，罗永浩将演讲的重心放在有关他不断拼搏的创业经历上。

在演讲中，罗永浩讲述了他在手机行业创业过程中遇到的种种困难，以及其解决掉这些困难的方式、获得的收获及事后感想。这次演讲无疑是成功的，罗永浩的故事让许多用户产生了共鸣，丰富了锤子手机的品牌形象。

在演讲中，罗永浩提到了四个主题，分别是锤子科技遇到的困难、锤子 T1 的数据及理念、"天生骄傲"的品牌价值观、告别"理想主义创业者"的身份。罗永浩通过这四个主题，向用户传递了一个品牌故事。

用户从故事中可以看到罗永浩面对竞争者的商业挤压和舆论抹黑时展现出来的坚持品质、研发锤子 T1 手机时做出的众多努力、锤子科技坚守"天生骄傲"的品牌理念的决心，看到罗永浩将在以后的企业经营中放弃"理想主义创业者"身份并转变为企业家的决心。

罗永浩通过这个故事向用户展现了其艰难的创业过程、辛苦获得的产品成果、品牌理念以及未来的发展决心。他不仅成功讲述了一个能够被传播的品牌故事，还赢得了用户的支持和认可，扩大了品牌的影响力。

罗永浩的《一个理想主义者的创业故事》演讲是一次与其他手机品牌的发布会截然不同的宣传活动，他重点向用户宣传了手机背后的故事而不是手机本身的客观数据及属性。很显然，故事让他的演讲变得鲜活而有力。

企业在发展品牌时，通过一个易于传播的故事能够更好地引起用户的共鸣。在大多数时候，用故事这种传播形式传播品牌的价值观和核心理念，往往能够传递比广告更多的内涵，使品牌变得有血有肉，而更容易得到用户的信任。

9.2.4 打造动人的品牌故事

品牌故事能够用情感将企业产品和用户联系起来，给用户带来一种愉悦的、难以忘怀的消费体验。品牌故事将品牌背景、文化内涵和经营理念都融入故事之中。

以雅诗兰黛为例，雅诗兰黛夫人认为："每个女人都可以拥有美丽和时尚"。于是，她就将自己的生活理念和时尚理念融入雅诗兰黛的品牌中，不仅重塑了美国化妆品行业的面貌，还影响了全球化妆品市场。

自 1946 年雅诗兰黛夫人创立雅诗兰黛公司以来，其品牌因不断追求创新、精于研发和品质优良而赢得了广泛美誉。如今，雅诗兰黛的护肤、彩妆及香水产品以精湛的科技和优良的功效闻名于世，在一百三十多个国家销售。

雅诗兰黛创立至今，除了在产品上不断创新，在营销和品牌打造上也有无数的革新和创造。例如现在化妆品行业广泛使用的营销手段——产品试用、优惠礼品、为女性选购香水等，都是雅诗兰黛提出的。虽然雅诗兰黛业绩斐然，但其始终坚持创造品牌时的初衷，即"为每个女性带来美丽"，坚信科研的力量，并保持与用户的良好交流。

"为每个女性带来美丽"是雅诗兰黛一贯的坚持，也是其最动人的品牌故事。在这个使命的引导下，雅诗兰黛衍生出了更多的品牌故事，例如"从演员梦到创业家""美丽诞生之源""美丽事业的开篇""雅诗兰黛和 Joseph 的爱情故事"等。这一个个动人的品牌故事不仅展现了雅诗兰黛的使命，更让雅诗兰黛的品牌多了一份浪漫的色彩。

所以，我们可以说雅诗兰黛的成功离不开品牌故事的打造。由此可见，打造动人的品牌故事对于品牌的传播有着极重要的意义。

首先，品牌故事与品牌是灵魂与肉体的关系，没有品牌故事的品牌，只是一个简单的符号。只有当品牌故事被合理挖掘和传播后，原本虚无的品牌才能变得有血有肉，并且具备说服力和亲和力，这样品牌才能获得最有效的传播。

其次，品牌故事的互动性能带动用户的参与，使得品牌形象更生动，更易激发口碑传播，比单纯的打广告成本更低，效率更高。

最后，品牌故事应蕴含企业文化内涵。雅诗兰黛的做法就是这样，它利用品牌故事把企业和用户联系在一起，提高了用户的忠诚度，增强了品牌的竞争优势。

9.3　品牌传播背后的学问

随着5G逐渐落地，移动互联网将获得更大发展。与此同时，5G也会实现设备之间的相互连接。在这种情况下，品牌传播将变得更便捷、高效，用户也将获得大量与品牌相关的信息和广告。

如何让品牌获得更多用户的关注？企业需要了解品牌传播背后的学问，掌握品牌传播的心理学效应，做好品牌的集中曝光。同时，企业需要把握核心用户，通过核心用户传播品牌。此外，企业还可以利用明星效应与权威效应实现品牌传播。

9.3.1　如何加深用户印象

企业要想在激烈的竞争中占据有利地位，在品牌传播中先声夺人，加深用户对品牌的印象，就应该从用户的心智入手，理解并掌握以下几种"心理学效应"。

"乐池理论"：一个人在讲述解决世界格局问题的方案，而另一个人在演出时不小心掉下了乐池，面对这两种情况，人们往往会更关注后者。"乐池理论"说明，相比重要的事件，更具戏剧性的事件往往更容易获得人们的关注。

这也就意味着，如果企业在宣传品牌时采取的方式足够新奇、有趣，那么就会更吸引用户的关注，这有利于在用户心中树立鲜明的品牌形象，从而提高品牌的知名度，进一步建立品牌和用户之间的联系。

"感叹号效应"：人们会更容易关注那些具有爆炸性和话题性的内容，并自发向外传播这些令人震惊的内容。如果企业在宣传品牌时能够将爆炸性信息传达给用户，那么他们不仅会关注品牌，还有可能会自发地传播品牌，从而进一步扩大品牌的传播范围。

"睡眠者效应"：随着时间的流逝，人们很容易忘记信息的来源，而把接收到的信息与传播者分离开来，只保留对信息的模糊印象。这也就意味着，在适当的情况下，企业可以使用一些比较特殊的方法来传播品牌信息。这样一来，随着时间的推移，用户通常会逐渐忘记信息的来源与当时的情绪，而只记得企业要建设的品牌。所以企业可以通过不断重复的洗脑式宣传来宣传企业品牌，这样有利于让用户切实地接收到信息，并对企业品牌产生更加深刻的印象。

9.3.2 集中一段时间全面曝光

企业在设计品牌营销方案时，要注意前后的衔接，要保证企业品牌能够通过各种营销手段集中在一个时间段内全面曝光，这样才能获得最优的曝光效果和品牌营销效果。另外，企业在某个时间段内进行持续且全面的品牌曝光，还可以给用户造成一定的冲击，让用户对品牌产生更加深刻的印象。

企业在设计好营销方案后，要根据投放时间预先统筹各种资源，部署线上线下各个渠道，走多面夹击的路线。在时间充足的情况下，企业可以先在官方平台进行预热，吸引用户关注，然后在设定的集中曝光时间段内通过微博官方账号、微信公众号、视频网站等渠道投放营销信息。与此同时，企业在线下应该同步投放传统电视、报纸等媒体广告，线上旗舰店与线下门店也都应该及时上线营销内容及相关产品。

当用户在各种渠道都能看到企业传递的信息时，他们对品牌的认知会逐步加深，继而会主动参加到活动中、探寻更多的信息，甚至购买企业的产品。

以每年的"双11"购物狂欢节为例，在购物节来临之前，用户会接收到无数与之相关的信息，例如打开淘宝就会看到"红包"、出门乘坐地铁和公交车时也会看到相关宣传等。在各种营销模式的"狂轰滥炸"下，用户无论在哪儿都会看到"双 11"购物狂欢节的信息。但是用户对这种营销模式并不排斥，因为他们内心已经形成了"这是'双 11'购物狂欢节的固定氛围，是一年一度的网购大事件"的认知。甚至，他们会主动关注每年的"天猫'双 11'狂欢夜"嘉宾名单，期待嘉宾的精彩表演。淘宝"双 11"逐年攀升的成交额证明了这样的营销模式是非常有效的，是值得其他企业学习和借鉴的。

但借鉴也是需要策略的，很多企业只看到了品牌曝光的好处，却没有细究其背后的方法，依葫芦画瓢，付出了努力，最终却没有收获满意的成果。因此，企业在"复制"别人的营销模式时，应该根据自身实际情况进行恰当的调整。

企业要明确自身的品牌理念与特点，不能完全照搬别人的营销模式。与此同时，企业还要最大化地利用手中的渠道，营造出一种全场景营销的氛围。在这个过程中，不是投入越多得到的收益就越多，而是要重视使用资源的策略与达到的效果。

9.3.3 搞定"二八定律"中的不同用户

"二八定律"又叫"帕累托定律"，应用到经济学中，指的是 20% 的用户占据大部分的销售额，他们比剩余 80% 的用户更加重要。因此，企业需要针对 20% 的少数用户做出产品和服务的优化，以此获得更大的回报。

目前，大型商场的产品售价越来越高，这也意味着未来的发展趋势就是高毛利化。为了达成这个目标，企业需要将核心目标用户群体定位为全部用户群体中占据大部分销售额的 20% 的用户群体，为争夺他们而使出浑身解数。落实到行动上就是努力为这些用户提供高品质的服务和高质量的产品。

当然，其余 80% 的普通用户群体的需求也应该兼顾。以全聚德为例，作为一个老字号餐饮品牌，高价、高品质的产品和服务是其重要的标志。全聚德的线下实体门店提供的是一种独特的文化氛围和百年宫廷秘制的美食体验，让每个到场的人都觉得物有所值。

而当全聚德开设线上旗舰店、打造线上渠道时，考虑到需要面对更多的用户群体以及用户的多样化需求，于是制定了中等定价的盒饭式烤鸭。这样的做法不但扩大了全聚德的市场份额，还使全聚德的影响力获得了更大的提升。

9.3.4 合理利用"明星效应"

5G 的出现意味着互联网的覆盖范围将进一步扩大，明星也可以通过微博、抖音等平台扩大自己的影响力，其自带的流量也变得越来越大，由此产生的"明星效应"也更明显。因此在 5G 时代，企业需要对粉丝经济足够重视，并使粉丝的经济价值充分发挥出来。

"粉丝"通常用来表示崇拜、仰慕某个明星的群体。一方面，粉丝出于对其所追随明星的热爱，而对与明星有关的产品也会十分喜爱。他们会跟随效仿明星的同款衣服、装扮，会支持明星代言的产品，会通过使用明星的同款产品来建立与明星的联系，这也是"明星效应"的具体表现。

另一方面，由于明星有着清晰明确的定位与形象，同时能将这种形象赋予他们代言的产品，因此，在粉丝的眼中，明星代言的产品瞬间拥有了区别于其他同类产品的特点，粉丝们也能够迅速对该产品以及品牌产生亲切感和认同感。

肯德基在古装电视剧《知否知否，应是绿肥红瘦》热播时，不仅销售剧中的"玫瑰酥饼"，还开设了剧中人气角色"小公爷"的主题店，招揽了大拨顾客前来打卡。此外，肯德基冬季甜品站主打"芋泥"风味的饮品，选择演员朱一龙拍摄广告。身着紫色毛衣的朱一龙充分呼应了香芋主题，同时其"明星效应"也吸引了大批粉丝纷纷购买肯德基的饮品。

除此之外，明星在代言产品的广告中，会为用户塑造一种亲密的氛围，展示一种使用产品的仪式感。用户在观看广告的过程中，沉浸在明星使用产品的场景中，他们会自行美化产品及品牌。明星代言的产品对于用户来说不仅有实用意义，还有更丰富的心理层次的满足，这种心理上的满足更加有利于产品的销售和品牌的推广。

合理利用"明星效应"可以有效扩大品牌的影响力。事实上，大多数企业早就深谙这一法则的应用，例如天猫每年都会在"天猫'双11'狂欢夜"中邀请众多大牌明星进行表演，这就是对"明星效应"的践行，这样的活动也有利于天猫的推广和宣传。

9.3.5 合理利用"权威效应"

"权威效应"是指一个地位高、有威信的人所说的话更容易引起别人的重视，让他们相信其正确性。所谓"人微言轻，人贵言重"，原因在于：第一，人们出于安全心理，而总认为权威人物是正确的楷模，按照他们的话去做可以提高不会出错的保险系数；第二，人们出于赞许心理，而总认为权威人物的要求和社会规范相一致，按照他们的标准去执行，就容易得到各方面的赞许。

美国心理学家们曾做过一个实验：向某大学心理学系的学生介绍一位新聘请来的德语老师，表明这位老师是著名的化学家。然后这位"化学家"拿出了一个装有蒸馏水的瓶子，说这是一种新发现的化学物质，有些气味，请在座的闻到气味的学生举手，结果许多学生都举起了手。蒸馏水本来没有气味，但在这位"权威化学家"的心理暗示下，许多学生都认为它有气味。

"权威效应"在实际生活中应用的例子很多，例如做广告时请权威人物推荐某产品，辩论时引用权威人物的话作为论据等。在人际交往中，权威效应还能引导或改变对方的态度和行为。企业可以利用这种效应，即利用权威机构或权威人物为品牌背书，从而提高产品的可信度，消除用户的疑虑。

在权威机构认证方面，企业可以寻求第三方权威机构的认证。例如君乐宝通过了英国零售商协会（British Retail Consortium，BRC）的 A+ 顶级认证以及国际食品标准（International Food Standard，IFS）优先级认证，这两项认证无疑证明了君乐宝产品的品质。

除了寻求权威机构的认证之外，企业也可以需求权威人物的认证。在这方面，企业可以积极与领域内的头部企业家交流，让头部企业家为自己的产品背书，同时，在宣传产品时，也可以寻求一些领域内的专家，让其为产品背书。

体验式智慧营销是指企业通过观摩、聆听、试用等方式，让用户感受企业提供的产品、了解产品的质量和性能，从而产生购买行为的一种营销方式。体验式智慧营销是当今营销的主题，因为越来越多的用户开始注重产品的使用体验，而且产品的真实价值也会在用户体验中显现出来。国内外许多企业都在体验式智慧营销方面进行了实践并取得了不错的效果，其他企业也可以借鉴这些企业的成功经验，设置别样的体验场景。

第10章

体验式智慧营销：
5G 带动体验革命

10.1 5G 时代，企业升级新思路

在这个先体验后消费的时代，如何设置场景，让用户得到更好的体验，已经成为众多企业吸引用户的一个重要手段。对于企业来说，无论以怎样的方式为用户提供服务，具有现实感的参与、体验和互动都变得越来越重要。

通过与用户互动，企业能够知道什么样的服务适合什么样的用户。企业如果希望长时间甚至永久地留住用户，就要不断地更新自己，为用户带去更好的购物体验。企业需要通过用户使用场景来分析用户需求，提升活动效率、创新用户体验，以此提升用户的消费体验。

10.1.1 结合用户、产品以及场景

5G 时代到来之后，用户将在移动设备上花费更多的时间和精力，会与亲朋好友有更多的沟通，也会出现更多的消费行为。那么，企业作为产品的提供者，势必要从本质上改变和优化自己，以跟随用户的脚步，具体的做法如下：第一，满足需求的策略、工具、技巧要更多样；第二，产品不能只局限于原来的基本需求；第三，服务必须体系化，不能由中间商、终端商负责；第四，也是最重要的一点，消费的场景要更丰富。

总之，要实现用户、产品及场景的结合，以 iPad 为例，苹果公司的设计师通过人性化的设置，让一台平板电脑能够在不同场景下为用户带来不同的使用体验和感受。在家里使用 iPad 时，用户一般会选择更为放松的姿态：躺在床上或者是沙发上，将 iPad 靠在身上或腿上，用单手扶住。

此时用户的眼睛一定是放在屏幕中心位置的，这样有利于单手操作和保持重心。用户在阅读电子书时需要的动作会更少。因此，iPad 将操作设置都放在了靠近平板电脑边缘的位置上，便于用户操作，从而为用户带去更好的使用体验。

用户在乘坐地铁或公交车时，大部分时间都要保持站姿，不适合长时间单手操作 iPad，而需要双手托握住使用。因此，iPad 屏幕上的交互设置一般都在靠近双手捏拿的区域，这样方便用户操作。同时，对于需要较多操作程序的应用，iPad 的按键没有设置在屏幕左下方和右下方，因为下方是双手触及频率最多的区域，误触的概率很大。

以上是 iPad 在不同场景下的不同体验，它的每一个细节都是设计师在细致入微地观察后精心设计出来的，目的是为用户提供各种场景下最为舒适的体验。可见，苹果公司之所以能够成为全球最有价值的品牌之一以及智能手机行业的领头企业，与其注重用户感受、产品设计更加人性化是密切相关的。

越是优秀的企业，越是注重产品的人性化设计和用户体验。如今各个行业的竞争日益激烈，产品的种类愈发丰富，质量都能得到一定的保障，且技术的差别越来越小。在这种情况下，提高用户体验是一个创新的角度，此举能够扩大企业产品与其他产品的差异，从而提高企业效益。

在互联网时代，信息传播越来越便捷，品牌的形象也能迅速通过用户口碑建立起来，因此，用户体验是企业在打造自身品牌时必须重视的。

10.1.2　提升线下活动的效率

在 5G 时代，互联网已经成为一个必不可少的信息获取渠道。在这样的时代背景下，企业仍然不能忽视线下活动的重要性。具体来说，线下活动对营销的强大作用主要体现在以下两个方面，如图 10-1 所示。

将企业与用户紧密联系在一起

优化用户的消费体验

图 10-1　线下活动对营销的强大作用

现在，"佛系"似乎成了"90后"的标签。然而，面对自己真正感兴趣的领域，例如旅行、摄影、二次元、音乐等，他们也会立刻充满战斗力。这种看似"不正经"的做事风格，实际上充分体现出了"90后"的价值取向。

如今，确实有很多"90后"把兴趣发展成了事业，正所谓"不正经的兴趣是我做过最正经的事"。在牢牢把握"90后"心理的基础上，网易LOFTER凭借"线上＋线下"的方式，打造出为"90后"说话的"LOFTER不正经青年生活节"，让他们可以通过兴趣来认识自己。

网易 LOFTER 把一些非常热门的桥段融入"LOFTER 不正经青年生活节"当中，并选取了 12 月 23 日和 12 月 24 日这两天圣诞档期作为生活节的举办日。这样的做法不仅吸引了一大批"90后"年轻用户的参与，还进一步提升了品牌营销的效果。

"LOFTER 不正经青年生活节"一共包括四大板块，分别为"黑市市集""方桌怼谈""没主题 live 派对""不正经驾校"。通过这四大板块，网易 LOFTER 希望可以和"不正经"品牌联动，打造一种与众不同的"不正经"生活方式。

作为网易旗下深受"90后"年轻用户喜爱的兴趣社交平台，网易 LOFTER 自上线以来，便以自身独特的品牌定位以及优质的内容输出，积攒了良好的口碑，树立了正面的形象。与此同时，网易 LOFTER 也成为网易布局社交的一个重要支点。

目前，网易 LOFTER 的主题已经从"为文艺青年代言"扩散至各个泛二次元兴趣领域，例如萌宠、cosplay（角色扮演）、古风、手账等。不仅如此，那些比较传统的兴趣领域在这个平台上也越来越年轻化，例如在摄影当中加入古风和日系元素。网易 LOFTER 满足了"90后"的很多"不正经"的兴趣，这也是该平台可以凭借"LOFTER 不正经青年生活节"为"90后"说话的重要原因。

由此可见，要想把营销做好，就一定要重视线下活动的打造。在这一过程中，最关键的就是要选择合适的切入点，以目标用户为核心制定线下活动。当然，嘉宾的选择也非常重要，必须和线下活动的主题相匹配。

10.1.3　传播载体必须娱乐化

娱乐化的营销方式更能吸引用户的注意，让用户愿意购买，进而使用户成为产品的传播者，为品牌的影响力扩大作出贡献。尤其在5G时代，信息和广告的传播载体不断增多，抖音、快手、微博等社交媒体也迅速发展，企业只有另辟蹊径，推陈出新，才可以赢得用户的青睐。

以德芙为例，随着时代的发展，德芙的推广策略也在不断改进。

在企业成长阶段，德芙通过广告策略来传播和推广品牌。它的广告采用独特的创意，阳光优雅的女生搭配优美的吟唱音乐以及低沉感性的旁白，成功吸引了用户。

从近几年来看，德芙的营销越来越注重娱乐化。首先，德芙会在电影和电视剧中植入广告，例如在电影中，德芙是女主角消除工作压力、寻求快乐和力量的动力。虽然只在电影和电视剧中出现了几个场景，但是已经很好地展现了德芙美味的味觉体验。

其次，德芙推出了定制话剧，通过简单的剧情描写展现了人们对生活的感悟及心声，这恰好契合了德芙的产品。与此同时，为了配合话剧，德芙还推出了相关的营销活动。这种做法不仅引起了用户对话剧的深思，更让他们深深地记住了"德芙"这个品牌。

随着时代的发展，传统的营销模式已经无法适应当前社会的需求。为了适应形势的发展，德芙开始寻求在互联网中进行品牌传播，它与酷我音乐合作，把酷我音乐作为推广的平台，让用户参与到音乐、游戏、阅读、巧克力制作等多个环节中，获得多重感官体验。德芙与酷我音乐进行联合营销，使传播载体更加娱乐化，实现了品牌与用户的互动，拉近了品牌和用户之间的距离，强化了其品牌认知度和用户对品牌的黏性。

在互联网营销中，德芙十分重视用户的体验。以德芙官网的宣传广告为例，优美的音乐搭配温馨浪漫的巧克力色背景以及动情感人的背后故事，都使德芙给用户留下了深刻印象。德芙通过合理的娱乐营销模式成功地塑造了品牌，提高了用户对该品牌的忠诚度。

10.2 独一无二的体验主题

以体验带动销售量，以品牌吸引用户，让用户体验低价格的产品，能够树立良好的企业形象。用户在社交圈子及各大平台中分享产品体验，能够加速产品的传播，使产品获得更多的用户，从而提升产品的知名度和企业的影响力。

此外，独一无二的体验主题是推广产品和品牌的高效率的营销手段。企业定期开展产品体验活动，既可以推广产品，又可以达到品牌营销的目的，同时还可以减少产品累积和投入广告的成本。

10.2.1 设计体验式产品的试用流程

开展产品试用活动能够让更多的用户体验到产品，那么，企业应如何开展产品使用活动？体验式产品的试用流程通常包括以下几个步骤，如图 10-2 所示。

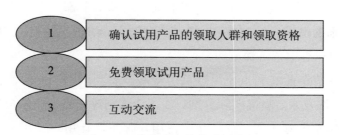

图 10-2 体验式产品的试用流程

第一步，确认试用产品的领取人群和领取资格。

企业开展产品试用活动的目的是推广产品、宣传品牌。为了更好地达到这一目的，企业需要设置一定的限制条件，确认好试用产品的领取人群和领取资格。例如在领取人群方面，企业可以优先考虑老用户，然后再考虑对产品有消费意愿的人群，最后再确定哪些人可获得领取资格。

第二步，免费领取试用产品。

免费领取试用产品包括两个途径：在线下活动中，符合领取条件的人群由活动人员带领到活动现场领取试用产品；在线上活动中，符合领取条件的人群可通过线上旗舰店领取对应的试用产品。不论是哪种领取途径，企业都应该对领取流程有明确的规定，例如：每名试用者只可以领取一件试用产品；在产品试用时间截止后，试用者需提交试用反馈表；试用结束后，试用者可自行带走试用产品，等等。

第三步，互动交流。

此步骤是试用流程的最后一个步骤，也是其中最重要的一个步骤。在此步骤中，企业要搜集和采纳试用者的不同意见，了解其试用产品的体验感受。除了在试用活动中得到反馈外，企业还可以通过产品的试用活动开展产品的促销活动，以进一步推广产品、宣传品牌。

ZUK 是神奇工场推出的一个手机品牌，曾经开展了主题为"免费千人试用，信用让我传递"的营销活动，活动规则是：人们只要参与其中就可以赢取 15 天免费试用手机的机会（需要支付一定的押金，但押金之后会全部退还）。这个营销活动不仅为 ZUK 打出了名号，展现出其对产品的信心，同时也让人看出了其对用户体验的重视和关注。

在以正常方式使用手机的情况下，此次营销活动的体验者可以随时终止试用，办理押金退还事宜。在手机行业基本上都采取 7 天内无条件退换的规则的情况下，ZUK 的 15 天免费试用策略有独特性，有利于使该品牌在用户心中留下深刻印象。

著名直销企业安利也使用过试用策略。安利刚刚创立时，销售人员将抛光剂、洗发水、喷雾式除臭剂、玻璃清洁剂等产品送到用户的家里。当时安利的操作方式是：把产品留在用户那里，让用户试用一天、两天甚至三天，期间不需要支付任何费用，也不需要承担任何义务。对于这种"天上掉馅饼"的好事，大多数用户都不会拒绝。

过了一段时间，销售人员拿到了很多订单，安利的销售额迅速增长，同时也积累了一定的影响力。而且因为用户不太可能在短时间内将产品用完，所以销售人员可以把剩下的产品给下一位潜在用户试用，然后重复之前的流程，使受众范围不断扩大。

企业可以利用试用的方式招揽用户，让用户体验产品，感受产品的价值。这种货真价实的宣传，有时比虚无缥缈的广告收到的效果更好。

开展试用活动不仅能够提高用户的参与感、体验感，还能够为企业节省广告宣传的成本，但前提是产品的质量要过硬。

10.2.2　价值感知=决策线索+随机惊喜

在当今时代，生活节奏的加快使用户的时间越来越趋于碎片化。用户无暇关注各种广告，对观看广告也缺乏足够的耐心，从而逐渐降低了对广告的敏感程度。目前，很多品牌都面临着营销信息无法吸引用户的注意、资源浪费等各种难题。与之相反的是，有趣、好玩的营销方式开始被广大的用户所接受，用户也更希望在生活中看到更多出乎他们意料、让他们感到惊喜的品牌。

在品牌营销的过程中，企业最需要注意的是在传播品牌的同时，制造与用户的互动，通过打造别出心裁的惊喜来吸引用户的注意，从而提升产品的销量。在这一点上，麦当劳展示了其自身独特的营销魅力。

麦当劳与微信小游戏实现了合作，依托社交平台，为用户打造了一场火爆的"惊喜一刻"营销活动。这是一场趣味性极强的营销活动。

与传统的大型游戏不同，微信小游戏具有门槛低、便捷性高、用时短等独特的优势，吸引了很多用户的关注。微信小游戏在诞生初期就引发了一波又一波的热潮，并且已经成为春节聚会的新风尚。在微信小游戏中，用户的参与热情极高，互动性也比较强，关注度比较高，因此，它成为品牌营销借势发力的又一方向。麦当劳立足于微信小游戏的这些优势，通过微信小游戏为用户制造独特的惊喜。

麦当劳洞察了用户在游戏中"刷分上榜"的需求，利用加分和优惠券的双重惊喜，营造了一种用户以看到麦当劳广告为荣的游戏心理。麦当劳通过此次合作，将社交、游戏以及 O2O 联动起来，引发了用户的广泛参与。

麦当劳向用户展示的是年轻化的品牌形象，这也恰好契合了微信小游戏的属性。麦当劳的这一趣味性植入，在加深用户对麦当劳品牌形象认知的同时，也提升了麦当劳小程序的知名度，使麦当劳成功触达亿量级的消费人群。

麦当劳在传统的品牌营销中注入新鲜感，为用户打造一波又一波惊喜，满足了用户对于新颖营销方式的需求。那么，麦当劳此次的营销能为品牌营销带来哪些价值呢？

首先，麦当劳创造的惊喜为用户提供了独一无二的品牌体验；其次，专门定制的彩蛋部分加深了用户对品牌的印象，成功吸引了用户的注意；最后，麦当劳制造的惊喜还降低了品牌的营销成本，并进一步提升了转化率。

很多企业在制造"趣味体验＋惊喜营销"的营销活动的时候，主要采用的是线下活动的形式。这种形式不仅需要花费昂贵的场景搭建成本和人力、物力等成本，也会因为地域限制缩小了产品的受众范围，而无法保证营销效果。

企业想要打造一场完美的惊喜营销活动也是很难实现的。而麦当劳在微信小游戏中的趣味植入，打破了地域的限制，扩大了产品的受众范围，使用户能够随时随地、多次参与到营销活动中来。

用户对美好体验的需求越来越大，因此，塑造良好的品牌体验是加深品牌与用户之间联系的有效方式。麦当劳在微信小游戏中制造惊喜，更是将惊喜体验转化为产品的销量，这种做法在用户对品牌和广告内容不敏感的时代，探索出了一条新路径。

10.2.3 创造影响用户选择的机制

设计是一个整体概念，大多数企业往往只将其体现在了产品的研发上，却忽视了用户的感受。企业没有与用户进行良好的沟通和交流，就不能设计出让用户满意的产品，所以企业要重视与用户之间的关系。

企业可以设计出趋于完美的产品，但要将该产品销售上百万个则是一个极大的挑战，用户体验是影响用户选择产品和分享产品的重要因素。为了给用户更好的体验，企业不仅要重视产品的研发，同时还要重视产品的物流、售后等多个方面，了解用户的反馈信息。

企业应该以体验为导向设计产品，在设计过程中多考虑用户的感受。

此外，为了进一步优化用户体验，企业应该赋予用户选择权。企业给出的选择空间不够大会难以满足用户的需求，如果给用户提供了太多的选择，也会让用户陷入迷茫，使用户因为难以作出决策而放弃购买产品。

过多的选择并不会让用户感到自由和愉快，反而会使他们陷入焦虑中。相关实验证明了这一观点：在两个柜台上按照不同方式摆放果酱，一个柜台上摆放了6种果酱，另一个柜台上摆放了24种果酱，结果摆放了24种果酱的柜台只有3%的购买转化率，而摆放了6种果酱的柜台购买转化率则达到了30%。

为了更好地满足用户的需求，企业应当帮助用户作出决策。另外，企业还应该把握好一个量，既给用户足够的选择空间，又要针对用户进行精确的定位，向用户推荐最符合他们需求的产品。以下是几个具体操作的小技巧。

（1）一步一步挖掘用户内心的想法。企业通过调取大数据下用户的偏好信息，了解用户一贯的消费行为，为用户缩小选择范围，让用户对自己的真实需求形成概念，最终作出购买决定。

（2）差别对待金额较大的购买决策。用户在购买昂贵的产品时，通常对价格的敏感程度不高，而更加关注产品的质量。因此，企业可以向用户提供几种价格适中的产品，在此基础上帮助用户作出选择。

（3）给出三个选择项。三个选项是一个比较适中的数量，一般企业可以为用户提供三个有不同侧重点和优势的选择项，用户可以根据自身需求进行选择。

除了以上方法外，企业也需要分析用户需求，从用户的具体需求出发，不断探索新的方法，帮助用户作出选择。

企业应该结合新时代下的5G、大数据等技术，根据用户档案向用户提供个性化定制选项，以便用户从中挑选出最符合自己需求的产品，这是一种有效影响用户选择的方法。企业帮助用户作出选择，也能更好地塑造品牌形象，形成与用户之间的紧密联系。

10.3 打造新奇、愉悦、真实的消费体验

随着时代的不断发展，用户的消费观念发生了很大的变化，已经不再像以前那样只注重产品本身，而是更加注重消费过程中的消费体验。那么，什么样的消费体验才是用户想要得到的呢？其实就是新奇、愉悦、

真实的消费体验。在这方面，苹果、盒马鲜生和大众进口汽车都做得非常不错，也取得了很好的效果。

10.3.1　苹果：提供多样体验

企业要让用户有更好的消费体验，切实做好体验营销，就必须找出用户的感官、情感、思考和行动等各部分之间的关联。

苹果公司的新品发布会总是充满了科技感，让用户深刻感受到科技的先进和产品带给人的极致的使用体验。而在正式营销时，苹果公司开展的体验活动又让用户觉得平易近人，这进一步促进了体验活动的火热。苹果公司的体验内容主要包括以下三种，如图 10-3 所示。

图 10-3　苹果公司的体验内容

1. 感官体验

苹果公司的每一款新手机都会传递给用户新的感官体验。对于用户来说，苹果公司不是在单纯地生产手机，而更多的是在经营一项体验事业。所以，苹果公司一直能够做到让用户满怀激动而来，满怀激动而去。

2. 情感体验

苹果公司的设计师曾经说过，产品必须有能够释放人们感情的东西，才能够受欢迎。基于这条理念，苹果公司的设计师将用户对产品的感情和自己设计产品时的热情集中在一起，设计出了满怀情感体验的产品。

3. 关联体验

一旦产品发生关联行为，也就意味着它的品牌具备价值属性和其他文化元素。苹果公司的一系列产品不仅有着时尚的外表，还具备在电子产品行业的影响力，更关联着很多其他的领域，例如美国的慈善机构等。

苹果公司利用自己在社会上的影响力，多次向慈善机构捐款，由此建立了苹果产品与慈善机构的关联。

苹果产品的极简设计符合现代人的审美观点，人性化的操作与流畅的运行速度更是获得无数好评。因此，苹果公司无论是在产品设计还是在营销方面都有不错的口碑。而苹果公司至今都一直坚持进行体验营销，说明这种模式有着其他营销模式不可比拟的独特性，即它能实实在在地让用户感受到产品的特点。

苹果公司的营销模式一直被模仿，其中占据主导地位的体验营销更是一些小型企业的示范模板。但对于企业来说，更重要的是在模仿之外多了解体验营销背后的机制和规律，并将体验营销与其他营销模式相结合，使其发挥出更大的营销价值。

10.3.2　盒马鲜生：打造全新的付款方式

早前，由于电商的冲击，线下实体店的消费体验受到了一定影响。即使如此，也还是出现了"Amazon Go""就试·试衣间""日本罗森"等逆势发展的经典案例。其中，盒马鲜生以独特的收款方式脱颖而出，并逐渐培养起用户的新习惯，为用户打造新奇的消费体验。

从本质上来讲，盒马鲜生应该是一家超市。然而，在新时代，这一本质似乎已经不太能够满足用户多样化的需求。为了满足用户多样化的需求，盒马鲜生也使自己具备了多样化的身份，它不仅仅是一家超市，也是一家餐饮店，还是一家菜市场。由此来看，在转型升级方面，盒马鲜生已经可以称得上是教科书级别的存在。那么，盒马鲜生的成功到底有什么值得学习和借鉴的地方呢？其中最关键的一点就是全面线上支付。

在付款方式上，盒马鲜生只接受支付宝和盒马鲜生 APP 付款这两种方式。并且，消费者到该店消费首先要成为会员，工作人员会现场指导用户安装盒马鲜生 APP。这是盒马鲜生的特色之一。对于盒马鲜生来说，这样的做法也确实有很多好处，主要体现在以下几个方面。

（1）有利于收集到店用户以及线上下单用户的所有消费数据。

（2）工作人员引导用户完成盒马鲜生 APP、支付宝的安装工作，可以把更多的线下用户吸引到线上，从而大幅度提高用户的消费黏性。

（3）有利于进一步打通支付宝收银系统、支付宝电子价签系统、物流配送系统三者之间的关系，从而使盒马鲜生的运营模式得以优化，实现真正意义上的商务电子化。

另外，在支付宝和盒马鲜生APP的助力下，盒马鲜生已经形成了自己的闭环。

（1）通过线上和线下两种方式对相关的消费数据进行更深层次的了解，从而为用户大数据统计及分析、营销等提供数据支持。

（2）用户可以在支付宝与盒马鲜生之间更加畅通地流动，这样一来，用户黏性和O2O闭环效应都可以得到大幅度提升。

总之，盒马鲜生采取全面线上支付模式：一方面能够将线上用户转变为盒马鲜生的会员，从而使吸纳会员的成本大幅度降低；另一方面也能使线下消费用户通过支付宝或盒马鲜生APP变成盒马鲜生的会员。

信息孤岛和断点式客源数据是企业的一个很大的痛点。很多时候，企业并不那么了解自己的用户，也难以根据用户需求提供服务、提升用户黏性。而盒马鲜生这种只接受支付宝或APP付款的方式，则有利于收集用户的所有消费数据，实现线下引流，提升用户黏性，并实现收银、价签及物流系统的打通。

同时，盒马鲜生的发展靠的不仅仅是付款方式上的这一特色，同时还有高度整合的供应链资源、标准化的生鲜产品、快速到家的配送模式等多方面的助力。因为这些都能够为用户提供更加新奇、更加舒适的消费体验。

10.3.3　大众进口汽车：向用户展示消费体验

在消费升级的大背景下，即使是必须的消费需求，也被赋予了比以往"多一点"的需求。例如将吃饭升级为对健康的需求，将穿衣升级为表达自我的需求，将住所升级为情感的归宿，将出行升级为对生活的感悟，等等。注重品质已成为当下主流的消费观，用户在满足自我需要的同时还渴望获得更优质的消费体验。

一直致力于为用户提供高品质使用体验的大众进口汽车，提出"Made

of Plus 精神"的理念，旨在从产品、服务、用户沟通等方面契合用户对品质生活的需求，以匠心打造多彩生活，赋予生活"多一点"的可能。为将这种"PLUS 精神"传递给更多的用户，也为了向更多用户展示产品的使用体验，大众进口汽车联手腾讯视频推出了真人秀栏目——《PLUS生活研究所》，围绕衣、食、住、行四个方面，通过多位 PLUS 体验官的参与，寻找 PLUS 精神的真谛。

1. 内容PLUS

《PLUS 生活研究所》以衣、食、住、行四个方面为主题，寻找了相关领域的 KOL。这些人和黄磊一起作为体验官，通过国内外的实地体验，让 PLUS 生活理念得以延伸与传递。节目中穿插的花式口播及使用场景呈现，无时无刻不在提醒着观众大众进口汽车的产品亮点。

（1）在"衣之 PLUS"中，Tiguan R-Line 是主打车型，其独特的设计、高质感的外观和内饰以积极适合人体的设计的控制面板，呼应了本期主题，即舒适与品质的融合。

（2）在"食之 PLUS"中，途锐是主打车型，载乘嘉宾们一起寻找"食"的故事。途锐低调的外观、考究的用料和精致的做工呼应了节目主题，即"家常"与"星级"味道的对比。

（3）在"住之 PLUS"中，夏朗是主打车型，其巧妙的空间布局和极高的空间利用率，呼应了这一期"家"的节目主题，即归属感和人情味。

（4）在"行之 PLUS"中，蔚揽四驱旅行车是主打车型，其优雅与动感的外观设计和非凡的工艺品质，呼应了"在出行中感知生活"的节目主题，让观众看到了原汁原味的欧式休旅生活。

2. 参与PLUS

真人秀播出期间，大众进口汽车的官网同步推出"上传你的 PLUS时刻"活动。活动规定，参与者上传自己的 PLUS 时刻并分享感受，就有机会赢得欧洲试驾体验游，重走节目中的路线。

3. 传播PLUS

腾讯发挥平台优势，将个人电脑（Personal Computer，PC）端、移动端、腾讯网、腾讯等平台整合起来，通过闪屏广告、频道焦点图、推送等多种形式，覆盖用户日常使用的多种场景，以引发观众的关注。

在节目运营推广上，腾讯结合每期主题推出各种话题。同时，剪辑符合观众喜好的花絮，既为新一期正片设置悬念，又能满足观众在停更日的追片需要，时刻紧抓观众眼球。 除此之外，黄磊和其他嘉宾在微博平台与腾讯官微积极互动，也引发了巨大的粉丝效应。

《PLUS 生活研究所》上线后第一期就达到了 2250 万次播放量，8 期总计 1.29 亿次播放量。大众进口汽车也收到了 5 万个试驾信息，实现了海量的品牌传播。通过综艺真人秀的形式，大众进口汽车向观众展示了真实的产品的消费体验，宣传了品牌，也收获了更多的用户。可以说，这是一种非常成功的体验营销模式。

面对用户各式各样的需求，定制式智慧营销应运而生，并且逐渐演变成为企业争相追逐的营销方法。一件产品无论设计得多么精致，总会有用户对它不满意，这个难题被定制式智慧营销解决了。所谓"定制式智慧营销，"即让用户设计自己的产品。

定制式智慧营销是指在大规模生产的基础上，将市场不断细分，把每一个用户都视为市场，并根据用户的需求单独设计且能够保证及时交付的一种营销模式。这种营销模式改善了产品同质化的状况，开启了一个千人千面的新时代。

第 11 章
定制式智慧营销：
开启千人千面时代

11.1 智慧营销趋势：个性化需求

每个人对购买的产品都会有自己的想法，有人想把爱人的照片印在自己的衣服上，有人想定制适合自己口味的食品。随着定制化、个性化消费成为新趋势，这些不同的需求都可以被满足。定制化产品的类型是多种多样的，家具、衣服、皮包、水杯等很多产品都可以定制。相比普通产品，定制产品更能满足用户的使用需求与情感需求。

一方面，受不同地区的生活习惯、文化、性别、年龄等因素的影响，用户会有许多个性化的需求，从而形成新的消费热点。而现在大众化的产品已经不能在消费市场上引领潮流，用户对产品的个性化、对生活的品位越来越重视，定制式智慧营销的春天已经来临。另一方面，行业之间的竞争越来越激烈，企业要想从中突围，就必须不断完善自身的产品和服务来满足个性化需求。

11.1.1 用大数据、人工智能分析偏好

企业生产的产品是服务于用户的，只有满足用户需求的产品才是好的产品。因此，企业不可闭门造车，应探寻更精准、更客观的方式来搜集用户数据，分析用户的需求及偏好，并据此研发产品。

如今，人工智能时代下的大数据在量级和深度上弥补了小数据的不足，可以在千万级用户需求的基础上帮助企业提升设计的精准度。利用大数据、人工智能等技术从海量的数据中挖掘出隐藏的用户习惯和喜好，对其进行深度分析，结合自身产品特性做出进一步的升级，是无数企业正在实践并将继续优化的营销策略。

IBM 作为全球最大的提供信息技术和业务解决方案的企业，总是能第一时间跟上时代的步伐，拥抱新的技术。IBM 通过对大数据的分析，敏锐地察觉到用户的需求发生了质的转变，于是根据用户的需求，推动了自身产品的个性化开发和数字化互动功能。

一家航空企业在运营的过程中会不断地收集与乘客有关的数据，例如乘客的基础个人信息、乘坐航班的频率、出行的目的地甚至是旅途中的购买清单等。这家航空企业想为用户提供更贴心的服务，便基于收集到的数据和 IBM 的分析技术，总结用户偏好，设计了一款定制应用并大受好评。在这个过程中，大数据是基础，IBM 扮演的是集成的角色。

IBM 在设计产品时非常重视与用户的共情，即通过了解用户正在面临哪些问题、想要抓住什么样的机会等事件来建立对用户的同理心。在掌握了这些数据后，IBM 可以快速生成一些方案，并在用户中进行测试，寻求反馈，然后再进行优化。通过不断重复以上行为，生产出最终被用户认可的产品。

用户在衡量产品的价值时，不止会看它的功能、质量，也会在意它的价格、性价等。因此，产品的价格也是企业在分析用户偏好时需要注意的部分。在大数据的基础上，企业可以检索出市面上同类型产品的价格与销量信息，在分析对比后，确定新产品的价格范围。通过这种方法，企业能够弱化在产品价格上的被动性。

例如企业在完成新产品的内部更新迭代后，根据大数据发现价格在 50 ～ 85 元的同类型产品销量最好，此时就可以根据产品的成本进一步圈定最终价格。企业在横向比较该价格区间内的同类型产品后，可以根据市场评价扬长避短，在设计上突出自身产品的独特性，从而在同等价格区间内脱颖而出。

企业想要打造一款成功的产品，需要了解目标用户的消费喜好、消费习惯、消费实力等因素，还需要制定计划使产品能够快速推向市场并实现盈利。而这些，企业都可以在大数据的基础上，通过人工智能分析，根据市场情况反推出来。

11.1.2 以销量定产量

定制式智慧营销可以帮助企业以销量定产量。在这种大规模的定制下，产品的设计以及企业的运营都是依靠用户的需求来驱动的，采购、生产等工作也都是根据用户的订单来进行的，这样能够促使企业产品的库存达到最小化。

定制式智慧营销体现了企业以用户为中心的理念，在竞争方面有着独特的优势。企业可以从用户的需求出发，与每一位用户进行交流和沟通，建立良好的关系，并在此基础上为其提供贴心的服务，实施一对一的营销。这样能够最大限度地满足不同用户的个性化需求，提升企业的知名度和影响力，同时增加企业在行业竞争中的优势。

在 2020 年，尽管新冠疫情对各行业造成了不同程度的影响，但蔚来汽车的销量不仅没有降低，反而出现了大涨。这是为什么？因为现在的蔚来汽车采取了以销量定产量的生产模式。通过以销量定产量，蔚来汽车减少了库存带来的负担，也让用户买到了最新、最好的车型。蔚来汽车还会不断对产品进行调整，用户可以根据自己的需求和喜好选择配置。当发现产品有问题时，蔚来汽车会及时联系工厂进行改正，因此避免了很多汽车品牌经常出现的召回问题，节省了不必要的损失。对于这种需要等待一段时间才可以提车的方式，虽然一些用户会有怨言，甚至会直接放弃购买蔚来汽车。但是凭借着更高质量的产品和更个性化的服务，蔚来汽车收获了一批忠实的用户，这些用户将销量带了上来。

企业在实施定制式智慧营销时，因为需要按照用户的需求下单，所以不用担心产品销售不出去而导致库存过多、资金无法周转的问题。定制式智慧营销既能保证满足用户的个性化需求，又能确保为企业带来效益，同时还可以降低企业在产品开发和决策上的风险。

传统营销的方式是在有库存的时候进货、供货，这是因为企业无法预测产品的销售量，必须保证一定的存货量才可以维持正常运营。但是这样会导致供货周期过长，不利于资金的回笼，存在资金风险，而定制式智慧营销则可以解决该问题。

不过企业在进行定制式智慧营销时，要注意在规定的时间内完成用户定制的产品，否则会失去或降低用户对企业的信任。

11.1.3　通过用户需求反推市场机会

一般情况下，造成市场不平衡的原因之一就是信息不对称。由于存在主观因素的误导，所以信息不对称难以被完全消除，但企业可以利用技术来弱化客观因素与主观因素之间的差异，通过用户需求反推市场机会。

用户需求代表了用户的"心思"。企业挖掘这个"心思"的基本方法是"用技术说话"，通过大数据、人工智能等技术，落实"以用户需求为核心"的战略，即用户需要什么产品就提供什么产品。这一点说起来很容易，但真正做起来并不简单。

过去，企业会通过市场调研、与用户交流沟通、发放调查问卷等方式来洞察用户需求。随着技术的发展，越来越多的企业转而使用大数据洞察并分析用户的真实需求，大数据分析广泛地应用于营销中，可以帮助企业更准确地获取用户需求，适时进行产品推送、加强用户关怀、控制风险，更好地创造市场机会。

随着用户需求不断变化，市场竞争更加激烈，企业很难再通过产品对市场进行有效预测。作为全球最大的拍卖网站，eBay 早就意识到技术带来的影响，并开始组建大数据分析平台，对用户的行为进行跟踪分析。现在，eBay 每天要处理 100PB 以上的数据，通过分析这些数据，准确判断用户的购物行为。

数据中不仅记录了用户的日常交易信息，还有用户每一次浏览的整个过程，eBay 从设定的成百上千种情景模型中计算出用户可能的需求。除此之外，数据还能区别用户年龄、浏览时间、评论历史、所处地点等因素。基于这些因素，eBay 通过大数据模型进行匹配，最终分析出用户的真实需求，从而能够有针对性地进行产品设计、更新和运营。

那么，企业应该如何利用大数据发掘用户的真实需求呢？

首先，发掘真实需求的关键在于要知道"用户缺什么"。需求的产生是因为"缺乏"，而产品的存在就是为了填补用户的这种缺乏。

技术的发展让每个用户成为移动的终端数据传感器，每分每秒都在创造数据。在这种情况下，用户的任何动作，包括购买了什么饮品、在哪里吃了什么东西等，都有可能被挖掘和分析出来，这些在产品设计过程中有关键作用。

全球第二大食品企业卡夫，通过大数据分析工具抓取了10亿条社交网站的帖子、50万条论坛讨论的内容，最后发现大家最关心的既不是口味，也不是包装，而是食品的各种吃法。在此基础上，卡夫总结出了用户购买食品的3个关注点——健康、素食主义和安全，同时发现孕妇对叶酸的特殊需求。针对这些信息，卡夫调整了食品的配方，打开了孕妇的市场，使得产品销售额大幅提高，甚至创造了历史纪录。

其次，企业可以通过大数据预测用户行为，发掘用户的真实需求。企业所做的各种预测，包括投资分析、球赛结果预测、奥斯卡奖项预测等，都是建立在对过去数据的统计分析基础之上的。如今，数据的存储越来越容易，储存量与储存时间都在不断增长，预测用户的下一步行为变得更加简单。

企业需要做的就是站在用户的角度思考问题，用心去倾听用户的声音并分析其核心需求，根据用户需求反推市场机会。企业根据用户需求研发产品，为用户提供更满意的服务，能够把握市场先机，增强企业的竞争力。

11.2 始于需求，但不止需求

在用户为王的大背景下，用户的需求无疑是营销的核心之一。但是在5G时代，除了用户的需求以外，企业也需要重视由技术带来的营销"新"景象。这里所说的营销"新"景象主要包括3个，即新生产、新供应和新门店，本节就对此进行详细说明。

11.2.1　"新生产"：智能制造+数字化转型

当前正处于工业经济向数字经济转型的时代，实现这样的转型不仅是信息革命的要求，也是企业应该努力突破的方向。如今，以大数据为代表的先进技术正在不断地推动着传统企业的转型与升级。通过这些先进技术，带领企业走向"数字化"，进而达到提高产品质量和生产效率的目的，似乎已经成为行业共识。

传统生产模式最显著的特点就是大批量、标准化、规模化，而"新生产"的显著特点则是定制化、个性化、数字化和智能化。吉利汽车在向数字化转型、努力实现"新生产"的事业中取得了非常亮眼的成绩。具体可以从以下几个方面说明，如图 11-1 所示。

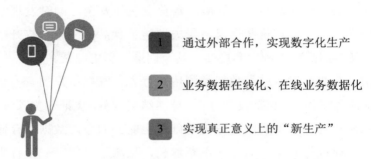

图 11-1　吉利汽车"新生产"的表现

1. 通过外部合作，实现数字化生产

阿里云在发布 ET 工业大脑时，提出要让企业生产线上的机器都变得科技化、智能化。在此之后，ET 工业大脑也不断适应技术与时代的进步，在多个方面展开了工作。其中包括生产工艺改良、生产流程制造的数据化控制、设备故障预测、生产线的升级换代等。

如今，云计算越来越多地被应用到产品生产和社会服务中。企业合理使用这些技术能够更加精准地把握市场，提升生产效率，降低研发成本。吉利汽车不仅将云计算应用到了营销和研发领域，更将该技术与大数据、人工智能等技术应用到了生产中，通过优化生产流程来促进生产效率的提升。当然，当 5G 大规模普及的时候，吉利汽车还将改革生产网络，为工作人员配备 5G 智能设备。

为了打造出更受用户喜爱的个性化产品，并为用户提供更加优质的服务，吉利汽车将与阿里云在供应链、车联网、用户管理等领域达成更多合作。在各种技术的助力下，吉利汽车正在努力将自己打造成一个以"创新、转型、协同"为特点的新型汽车企业。

2. 业务数据在线化、在线业务数据化

吉利汽车通过开展一系列活动，获取了很多非常重要的用户资料。这不仅加深了其与用户之间的联系，也为吉利汽车制定下一步发展战略提供了科学依据。与此同时，吉利汽车也在逐渐向数字化运营转型，以达到实时获取各种动态信息的目的。通过实现从订单到运输的紧密融合，吉利汽车取得了业务数据在线化、在线业务数据化的重大突破，极大提高了业务分析效率和价值。

3. 实现真正意义上的"新生产"

用户在选购汽车这样的大型产品时，会重视安全性和售后服务质量，这些都需要用户亲自体验。无论线上购车的照片多么全面、资料多么丰富、售后保险介绍得多么详细，用户也还是无法真切感受到汽车的驾驶体验，因此很难放心购买。为了打消用户的疑虑，获得用户的信任，吉利汽车在打造品牌口碑上不遗余力，一直在积极探索新的策略。

当然，想要获得用户的认可，最重要的还是用产品说话。吉利汽车的质量保障来源于无数次的测试，其中最具代表性的就是模拟仿真测试——在计算机辅助工程软件的助力下，对汽车的驾驶情况进行模拟试验。吉利汽车通过多重测试之后，不仅为每位用户带去更加舒适的驾驶体验，更能给予他们安全可靠的驾驶保证。

企业在向"新生产"转型时可以学习、借鉴一些成功企业的做法。但需要注意的是，不可以直接照搬照抄，而必须结合自身的实际情况制定相应的战略。这样才能够克服重重障碍，获得跨越式的发展和进步。

11.2.2 新供应：智能物流+机器分拣+无人化仓库

供应链管理的目的是通过将供应商、门店、销售渠道、仓库等链条上的各个环节进行集成和协同，争取以最快的速度将用户需要的产品送

到他们手中，并保证服务的质量。盒马鲜生打造出了一条完善而柔性化的生鲜供应链，这似乎可以为各大企业提供一些启示。

盒马鲜生的基地是直接面向用户的，取消了批发市场、供应商、零售商等中间节点，避免了无谓的损耗。盒马鲜生对合作的农场有严格的种植标准要求，对土地、肥料、水资源等因素都有明确的要求，这样可以保证用户能买到新鲜又营养的食物。

每天下午4点，盒马鲜生的工作人员会根据当天的销售数据和其他影响因素等制订出第二天的销售计划，并将其发送到合作的农场基地。农场会按照销售计划采摘、包装产品并通过冷链物流将产品运输到盒马鲜生门店。

新鲜的肉类、蔬菜都被包装成价格一致的标准产品，来源也标得很清楚，节省了用户购买过程中的很多程序。另外，盒马鲜生当天剩余未销售的"日日鲜"产品会通过餐饮生熟联动的链条被加工成餐饮销售出去，不会留到第二天。

盒马鲜生的供应链处处体现着缜密的数据思维，例如在选址和配送方面锁定3公里的半径范围，保证10分钟的配货时间、20分钟的配送时间，从而保证半小时准时向用户交付产品。盒马鲜生通过对供应链的深度重构，建立与基地、农户的双赢渠道，同时其产品价格也十分合理，获得了用户的支持和认可。

总的来说，在实现新供应的过程中，用户始终是核心，企业必须重视用户。另外，对于企业而言，如果想要实现新供应，就必须从物流、供应链和电商服务等方面下功夫。

11.2.3　新门店：智能货架+精细化陈列

如今层出不穷的新门店是很多用户喜闻乐见的，这在很大程度上提升了用户的消费体验。在打造新门店的过程中，企业应该注意门店的数字化，同时从内部培训服务与门店陈列入手，为用户提供更好的消费体验。在这方面，优舶荟是一个非常经典的案例。

优舶荟是一个进口产品保税展示的直销中心，其门店主要包括4个区域：欧洲风情街、超市区、O2O体验区奢侈品区、进口红酒品鉴区。在这4个区域内，陈列着上万件来自澳大利亚、美国、日本、韩国、泰国等国家的产品。

对如此大量的产品进行科学管理并不是一件容易的事情。为了打造良好的购物环境，优舶荟在产品陈列上下了很多功夫，具体可以从以下4个方面说明，如图11-2所示。

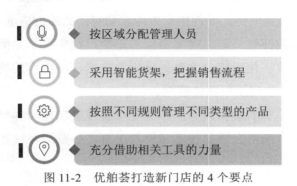

按区域分配管理人员

采用智能货架，把握销售流程

按照不同规则管理不同类型的产品

充分借助相关工具的力量

图 11-2　优舶荟打造新门店的 4 个要点

1. 按区域分配管理人员

优舶荟让不同的管理人员负责不同的区域。这些管理人员不仅负责区域内的产品管理，也负责区域内其他工作人员的培训工作。

2. 采用智能货架，把握销售流程

为了更好地了解用户的选择过程，优舶荟采用了智能货架。以进口红酒为例，借助 RFID（射频识别技术），优舶荟可以准确掌握每瓶红酒每天被拿起的次数以及销量，然后进行相应调整，确保效益最大化。如果一瓶红酒每天被拿起来的次数很多，销量却很少，那就需要对产品的包装或者摆放位置进行分析和调整。

同时，优舶荟引入的客流分析系统能够通过摄像头直观地记录下每个区域的参观人数，再进一步分析该区域吸引用户的原因是地段好还是产品受欢迎，最后以此为基础，改进门店布局来促进销售，提高用户体验。

3. 按照不同规则管理不同类型的产品

优舶荟的产品来源各不相同，因此，需要对其进行不同的标示、做出明确的区分。

4. 充分借助相关工具的力量

优舶荟不像普通超市那样由供货商供货，而是主动去国外采购。因此，优舶荟非常需要可以确定产品采购数量、采购种类和为产品定价的工具。

另外，采购是需要时间的，所以必须提前对此做出预测、及时补货。优舶荟采取的智能系统不仅能根据系统数据分析出哪些产品需要及时补货、哪些产品需要促销，还能根据市场波动对产品的价格进行调整。

因此，优舶荟对采购、终端销售的整个过程实现了全面把控，通过信息化管理、数字化跟踪、大数据分析等技术，将内部的物流、资金流和信息流合一，实现了一体化管理。

由上述优舶荟的案例来看，企业要想实现数字化，继而成功打造新门店，就要懂得利用合适的技术和管理工具，必要的时候还可以积极寻求外部合作。

11.3 定制式智慧营销经典案例

如今，用户的习惯以及行为都和之前有了很大不同，所以企业要想从日趋激烈的竞争中脱颖而出，就必须采取与新时代相符的营销手段。当前，定制式智慧营销已经成为一个非常有效的推广手段。无论是在提升企业知名度和影响力方面，还是在实现用户数量增长方面，它都可以发挥十分有效的作用。

11.3.1 得物APP："他经济"的全面升级

一直以来，女性似乎都是企业习惯性瞄准的目标。不论是各种电商节庆，如"京东618购物节""淘宝'双11'购物节"等，还是各大微信公众号的爆款文章，它们切入的基本上都是女性视角。在"她经济"如此繁荣的对比下，男性的消费话语权似乎很微弱。

但事实是，男性一直具备足够的经济实力。且随着对自我价值的发现，"他经济"领域也呈现出蓬勃发展的态势。在女性们热衷于"种草"

（朋友之间互相分享、推荐某一产品来激发对方的购买欲望）时，"得物"悄然成了男性消费的关键字。

"得物"是一个经营男性潮流运动用品的电商平台。不同于女性聚集在小红书上分享"种草"的模式，该电商平台的核心业务是帮助男性用户鉴别球鞋、潮服。在"得物"平台，用户可以在社区互动，与其他用户进行交易，而平台会提供鉴别服务来保障用户的购买权益。这样的服务正中男性下怀，越来越多重视个性与品质的男性成为得物 APP 的用户。

男性在社交、体育、资讯和游戏等方面的关注度要明显高于女性，他们对相关的垂直细分领域有着极高的兴趣和消费倾向。得物 APP 以男性用户的消费需求为出发点，在提供同样的产品、同样的正规小票的情况下，它还可以提供更加细致的正品认证和鉴定服务，因此更受男性用户信赖。

伴随着"他经济"的崛起，越来越多像"得物"这样聚焦男性的平台应运而生。这些平台的设计大多简洁硬朗，在交互上迎合男性的使用习惯，分类丰富，产品繁多。

问答社区知乎也悄然上线了一款男性"种草"社区 APP "CHAO"，其中有好物推荐、潮流单品使用测验，也有如吃喝玩乐、极客科技等各色板块。知乎通过大数据分析算法对用户使用行为进行筛选后向其投放定向广告，邀请其使用 CHAO。目前 CHAO 仍处于小范围内测阶段，未来究竟能成长到何种地步，是无数人关注的重点。

一般而言，女性在购物时偏向于货比三家，男性则相对果断，遇到心仪的产品会立即出手。因此，针对女性用户的 APP 更多在于对比鉴赏，用户在其中搜索一种产品，根据其他用户对不同品牌的分享来选择更适合自己的；针对男性的 APP 更强调"即看即买"，用极具冲击力的画面与具有说服力的逻辑打动用户直接下单。

要想迎上逐渐崛起的男性消费风潮，企业就必须找到能够打动男性用户的密码。男性用户往往是先有了需求或待解决的问题，然后再到电商平台找到满意的答案。也就是说，如果企业能根据男性用户的日常浏览记录及重点关注的产品，来推算出其最近可能感兴趣的产品或话题，并及时将相关产品推送给男性用户，就能提升男性用户对企业的好感度。

从万众一致着工装，到一年逛两次海澜之家，再到现在的潮牌抢购，男性的消费品位在随着社会发展的变化而发生着变化。女性是消费市场主力军的传统正在被颠覆，时尚、垂直的"他经济"将会掀起新的浪潮，成为消费市场的发展趋势。

11.3.2　保时捷：满足用户个性化需求

如今的用户越来越追求个性化，产品也在此基础上更加多样化。为了满足用户的多样化需求，保时捷成立了负责定制业务的部门 Porsche Exclusive Manufaktur，为用户提供定制服务。

Porsche Exclusive Manufaktur 是保时捷的主要部门之一，其工作就是为用户提供独家配件，根据用户的要求定制配件的颜色、材质、风格，以不同组件组合出不同的专属配置，满足用户的个性化需求。

2020 年 3 月，保时捷携手北京长安保时捷中心开启了一场直播，用 3 辆保时捷 Cayenne Coupé 为观众展示了保时捷定制的独特魅力。第一辆为白色 Cayenne Coupé，名为"激擎澎湃"。经过 Porsche Exclusive Manufaktur 的设计，它搭载了保时捷黑色轻量化运动组件，彰显了运动本色。

这辆车配有铝镁合金材质的 22 寸轮毂及黑色轮眉，同时配有哑光进气格栅饰条和轻量化材质的定风翼，此外还有黑色贴纸、黑色窗框、碳纤维车顶及扩散器、运动尾喉、熏黑尾灯等个性化配件。

第二辆石英灰色的 Cayenne Coupé 名为"摩登谦和"，被 Porsche Exclusive Manufaktur 设计成了另一种风格。石英灰色车漆展示了浓浓的商务气息，十分大气。这辆车配有灰色的 22 寸轮毂，样式也十分经典，同时，黑色高亮进气格栅搭配银色 Porsche 车标，显得大气沉稳。其内饰为保时捷经典的波尔多红内饰，饰板及地毯包边也为波尔多红色真皮。此外，其还有可定制的"迎宾踏板"字样，以满足用户的个性化需求。

第三辆熔岩橙色的 Cayenne Coupé 名为"缤纷活力"，在 Porsche Exclusive Manufaktur 的设计之下，更显青春活力。熔岩橙色车漆几乎覆盖了整个车身，轮眉和车标颜色也是同样的橙色，21 寸的轮毂采用了缎纹铂色的涂漆设计。同时，发动机盖筋线设计让车身的线条更有冲力。

3 辆车不同的设计风格与不同的配件选择都展现了 Porsche Exclusive Manufaktur 超强的定制能力。Porsche Exclusive Manufaktur 能够为用户提供全面的个性化汽车改造，不仅能够根据用户需求定制汽车配件，同时还能为用户提供限量版车型服务，以彰显其在定制项目上所展现的个性化程度。Porsche Exclusive Manufaktur 的车间并不大，车间里仅能容纳 10 台车，工作人员有着各自不同的分工，皮革处理、车漆喷涂等工序均由手工完成，以满足用户的个性化需求。

保时捷不仅能够为用户提供基础的个性化定制服务，例如为用户提供固定的车漆颜色、皮革颜色、座椅样式等，同时还能够提供用户想要的细节，例如用户自定义的真皮颜色、独特的装饰饰板等。目前，Porsche Exclusive Manufaktur 提供了 600 余种可定制选项。此外，定制车辆在质量、技术、道路安全性方面都是十分有保障的。

11.3.3 《全职高手》为麦当劳做独家定制

人气 IP《全职高手》与麦当劳之间的合作为定制式智慧营销添上了浓墨重彩的一笔。《全职高手》为麦当劳定制了 3 集番外动画，帮助麦当劳在暑期营销中脱颖而出，而麦当劳则上线了"全职高手"3D 玩具套装。

《全职高手》是二次元的电竞网文 IP，阅文为该 IP 规划了"二次元先行"的孵化策略，通过动画化提升该 IP 的人气。《全职高手》第一季动画收获了 12 亿次播放量，动画特别篇上线后，仅一个月播放量就突破了 3 亿次。

有高人气基础，《全职高手》是面向年轻消费者开展营销的最佳选择。其中，快餐领导品牌麦当劳借助《全职高手》与目标消费群体进行沟通。位于沪杭的两家《全职高手》主题店收获了巨大的人气，其中上海雅居乐店的最长排队时间超过了 4 小时。另外，麦当劳与《全职高手》共同发行的主题"麦乐卡"，首日销量便超过了以往合作 IP 的销量，引发了广大粉丝的集卡热潮。

在与麦当劳的合作中，阅文在第一季动画的剧情中就进行了深度的内容植入，为麦当劳定制剧情，进行营销。比如主角叶修退役后，走进麦当劳的店里，并说："开心时，要吃薯条庆祝；难过时，要吃薯条平复"。不仅如此，麦当劳的广告也同样基于《全职高手》的剧情进行定制，将二次元人物的声音、形象完整地融入麦当劳这样的三次元场景中。

阅文还对《全职高手》中的虚拟人物用"IP+idol"模式进行开发。在男主角叶修生日当天，阅文联合元气阅读APP鼓励粉丝参与应援，将叶修的名字在上海花旗大厦的电子大屏上点亮，叶修成为国漫中的巨星。

另外，主角叶修还代言了美年达品牌，与演员杨某穿越次元星共同代言，而叶修主题的动漫瓶也获得了粉丝们的追捧。《全职高手》中的其他角色，如周泽楷，也曾为麦当劳"那么大甜筒"代言，令该产品在门店一度脱销。

阅文在《全职高手》的IP开发上，还引入了"元素授权"的新形式。该形式虽然并未在与麦当劳的合作中使用，但用在了与《梦间集》的合作中。阅文授权《梦间集》在游戏中推出了小说人物叶修、黄少天的武器，即千机伞和冰雨，让玩家体验成为小说主角的快感。

目前，"动漫先行"的孵化策略已经成为国漫IP发展的未来。《全职高手》IP与麦当劳等品牌的合作将进一步加深，向围绕IP情节和人物定制的方向发展，以粉丝为中心进行运营，真正实现IP的价值最大化和可持续发展。

《全职高手》与麦当劳的携手为定制式智慧营销开辟了新的思路，即不一定非要走定制化生产、个性化产品的道路，也可以与风格相似且有一定热度的品牌进行战略合作，然后由你为对方或对方为你做定制，甚至是双方互相做定制。这虽然有跨界营销的意味，但是其精准度和有效性要优于跨界营销。

随着时代的发展、互联网的传播、大数据的运用和屏幕终端的普及，交互式智慧营销也越来越普遍。世界杯每年都会吸引大量人群的关注，很多企业也会使出全身解数加入这场盛事当中。

世界杯为什么能够为企业带来营销机会，就是因为人们在观球的情况下是处于放松状态的，这时企业可以很轻松地与用户进行互动。此外，世界杯期间，很多人都在观看直播，在这种情况下宣传品牌，无疑能够将品牌的传播范围变得更大。

第12章

交互式智慧营销：
多终端传输数据

12.1 场景交互：赋予用户信任感

交互式智慧营销就是要充分了解用户的真实需求，切切实实地体现出自己产品的实用性。交互式智慧营销可以促进企业与用户之间的相互了解、相互启发，促使双方换位思考，站在对方的角度思考问题。

而场景交互是通过场景建设实现企业与用户交流和沟通的一种形式。精准的场景营销能够通过营销测试的数据对用户进行分析，实施准确的定位。这样做的目的是满足不同用户的个性化需求，为用户提供精准服务的同时还能树立企业在用户心目中的良好形象。

12.1.1 交互闭环体验设计

企业想要做好交互闭环体验设计，需要注意以下3个方面，如图12-1所示。

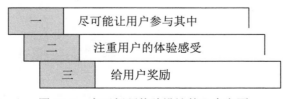

图12-1 交互闭环体验设计的3个方面

1. 尽可能让用户参与其中

实施交互闭环体验设计的重点在于交互，即需要企业与用户双方都参与进来。企业为用户设置的参与方式应简便、快捷，如果用户需要经过复杂的途径或者花费很多时间才能够参与其中，那他们参与互动的概率就会小很多。

现在，用户可以无账号访问很多网站，但想要享受更多服务，则需要创建个人账号，这是很多网站吸引用户的方法。为了让这个方法更有效，很多网站都设计了简便的登录方法，例如用 QQ、微信、微博等已有的社交账号登录或填写手机号用验证码登录等。

这些登录一旦完成，网站就会帮用户自动创建关联账号。通过这样的交互体验设计，网站可以规避掉烦琐的登录手续，轻松获取用户；用户能以最高的效率完成自己需要的操作，双方都可以获得自己想要的结果。

2. 注重用户的体验感受

交互闭环体验设计需要注重用户体验。注重用户体验需要落实到用户使用产品的每个环节中，而不是仅仅看重产品销售环节。如果企业为吸引用户，开展产品免费试用活动或者对产品进行促销，也一定要保证产品质量，并在用户使用的过程中及时对使用情况进行了解，收集用户的反馈。

3. 给用户奖励

企业在设计交互闭环体验时，适当给予用户一定的奖励会调动他们的积极性，吸引他们踊跃参加。即使奖励是概率性的，用户的活跃度也会大大增强。例如在召开新品发布会之前，如果企业开展有奖体验活动，宣布会从体验用户中抽取几个免费获得新品的名额，那么将激发用户参与的积极性。

在大数据时代，交互闭环体验设计也需要大数据的支持。企业根据大数据搜集、分析用户行为偏好，能够明确用户的具体需求。在了解用户需求的前提下，企业能够更有针对性地设计交互活动。

12.1.2　Huawei Share 3.0：开启"未来模式"

伴随着场景交互时代的到来，用户正期待一场全新的体验革命。华为一直是 5G 领导企业，Huawei Share 3.0 的推出更是开启了"未来模式"，将 5G 推上了一个新的高度。从始至终，华为一直坚持着全场景智能生态战略，以创新的技术连接各个场景，致力于为用户提供智能化、自动化的生活体验。

华为 PC 产品线总裁王银锋表示，华为研发笔记本时最注重的 3 个要素是唯美、科技、体验，即产品要美、要有科技创新、要能带给用户更好的使用体验。而全新升级的 Huawei Share3.0 的"一碰传"功能，便是这 3 个要素的最佳验证。

在 Huawei Share3.0 的发布会上，华为消费者业务 CEO 余承东演示了"一碰传"的功能与使用，该功能一经推出便引发了用户的关注和惊叹。同时，余承东还演示了由华为自主开发的粘贴板共享功能，该功能为实现跨设备复制粘贴信息提供了支持。

对于华为的研发团队来说，Huawel Share 3.0"一碰传"功能的研发过程十分艰难。首先，他们要解决安卓系统与 PC 系统之间的传输难题；其次，要解决传输效果最优化的问题；最后，必须考虑跨系统兼容性以及技术开发的问题。

尽管研发过程十分艰难，但是相较于苹果 Airdrop 的传输方式，Huawei Share 3.0 的传输效率一点也不落后。甚至在传输性能上，Huawei Share 3.0 要比苹果 Airdrop 更有优势。例如 Huawei Share 3.0 不需要手动点击即可实现手机和 PC 的互联，整个过程十分流畅、方便快捷。

作为 5G 时代场景交互的代表性产品，Huawel Share 3.0 以一种简单、自然的方式解决了其他产品一直无法解决的用户痛点。此外，Huawel Share 3.0 的出现，使华为的品牌形象有了很大提升，也巩固了华为 5G 领导企业的身份。

12.2 情感交互：熟悉用户基因

互联网的发展给企业带来了这样一个难题：媒体越来越多，信息量也越来越大，怎样才能将信息准确地传送给用户？用户也是有一定"基因"属性的，企业在熟悉了用户基因之后，能够根据其属性选择合适的交互载体，尽快实现产品变现。

12.2.1　选择合适的交互载体

社会上的热门话题、以微博为代表的社交平台、手机上的各种APP，都可以成为交互载体，而且三者还能够相互联通。现在，网络带来的分享、转发等功能可以使企业和产品得到二次传播，这有助于企业通过分享、传播联系用户，与用户交流感情。

以电影为例，首映礼、明星见面会、媒体发布会等营销方式面向的人群较小，不能吸引大众的目光。好的电影不能仅依靠主创人员的粉丝来保证票房，而应该让更多路人走进电影院。在吸引路人这方面，"两微一抖"（微博、微信和抖音，是目前使用者基数大、活跃度高的三个平台）显然有着无可比拟的影响力。

宣传团队通过将电影主题摘选出来或贴合社会上的热门话题，在以"两微一抖"为代表的社交网络上进行宣传，基于手机移动平台为电影进行大范围的传播，能够最大限度地吸引路人走进电影院。

《前任3：再见前任》（以下简称《前任3》）在制作成本不高、参演明星流量不大的情况下，引爆了全民话题，上映两天票房破1亿元且持续走高，这一结果与其宣传密不可分。《前任3》的制作成本在3千万元左右，宣传费用在5千万元左右。以如此低的成本最终收获19.42亿元的票房，《前任3》可以被称为教科书级别的营销案例。

那么，《前任3》的宣传具体是如何操作的呢？"爱情"是永不过时的话题，"前任"这个词在每个人心中都有具体的形象，因此打出"前任"的话题就很容易吸引观众的注意力。

《前任3》的宣传团队根据不同平台对宣传策略进行调整。在抖音、快手等短视频APP上，到处是模仿女主角吃芒果的二次创作视频，还有电影散场之后电影院内观众的各种反应的视频，例如哭得撕心裂肺与现任直接分手或是跟前任打电话复合等。此外，朋友圈变成了每个人分享自己爱情故事的小树洞；微博上被各种"前任"的段子以及"看完《前任3》发生感情纠葛"之类的段子刷屏。

除了各种视觉冲击外，宣传团队也没有忘记对观众进行听觉刺激。电影主题曲《说散就散》以及插曲《体面》长期在各大音乐软件的榜单上占据榜首，并且在大街小巷循环播放，吸引了很多听众。很多人都是被歌曲打动，在进一步了解后去电影院看了电影的。

《前任3》的宣传团队在一开始制订了完整的营销计划，执行的每一步都把握好了节奏，将观众的情绪挑动起来，最终收获了巨大的成功。

从《前任3》营销的成功案例中，我们可以看到选择合适的交互载体的重要性。企业在使用一个载体时，首先应明确它所面对的用户基因，对症下药方能打动用户，使他们自发进行传播，最终以最小的投入获得最大的收获。

企业在平台上有针对性地发出信息后，会吸引用户主动参与讨论、转发，给话题制造一定的热度。传播的信息像涟漪一样逐渐扩散，每一批新用户的加入都给信息注入了新的传播动力。在这样反复的过程中，每个参与者都变成了信息的载体，他们既是接收到信息的终端，也是新一轮信息传播的出发点。

如今，广告媒介的增多也导致了品牌对广告需求的增多，大部分企业主们推广自己品牌的做法就是加大资金投入，却忽视了诸多其他营销手段。如果利用好新媒体时代的营销，那么企业所收到的利益是巨大的。

12.2.2 情感主张与品牌要紧密相连

当企业秉承以用户为中心的经营理念，将情感主张与品牌紧密相连时，才可以和用户建立有温度的连接。在这个过程中，企业需要重点体现以下3点价值，如图12-2所示。

消费体验价值

产品价值

情感价值

图12-2 企业需要重点体现的3点价值

1. 消费体验价值

毫不夸张地说，在消费新时代，企业之间的竞争会在用户体验上展开。也就是说，企业能够开拓自身的功能越多，注意到的细节越贴心，提供的服务越完美，自身的竞争力就越强。因此，企业要想加深与用户之间的关系，就必须重视用户的消费体验，为用户提供优质的服务。

2. 产品价值

对于用户来说，企业的主要职能是提供各种各样的产品。因此，不论企业能够提供多么良好的用户体验，首先都要用产品吸引到用户，只有这样，才能展开下一个步骤。在这种情况下，产品价值就显得尤为重要。企业必须了解和把握用户的各种需求，为他们提供能够满足他们需求的产品。

在产品同质化严重的当下，企业生产出满足用户需求的产品只是完成了最基本的要求。在此基础上，企业还要在提供差异化产品方面寻求强力突破，在开发个性化、具有高附加值的产品方面下功夫。

3. 情感价值

企业可以通过与用户建立密切的联系来提升自身的情感价值。而企业能和用户建立密切联系的前提就是做好一切与用户有关的服务，简单来说，就是一切以用户为中心。

举例来说，"胖东来"被大众调侃为"百货届的海底捞"，它为什么能获得如此高的评价呢？原因之一就是"胖东来"非常重视用户体验，并与用户建立了有温度的连接。

（1）免费的服务项目

众所周知，海底捞有非常多的免费项目可以供用户选择，因此即使需要排很久的队，用户也很少会表现出不耐烦的情绪。同样，"胖东来"也为用户提供了很多免费服务，例如免费裁衣服、免费维修手表、免费维修电器等，甚至哪怕用户拿来的是在其他商场购买的产品，也仍然可以享受"胖东来"免费服务。由于"胖东来"并不设在一二线大城市，因此有时会遇到电器在本地没有维修点的情况，为了保证用户体验，工作人员就代替用户去有维修点的城市维修产品，而且不收取任何路费。

（2）独特的产品介绍

在"胖东来"内部所有的电子屏幕上，播放的都是特意为用户查找的趣味短片、新闻联播，或者是宣传企业文化的视频录像（Video Cassette Recorder，VCR）。在这里。用户不会看到任何其他的商业广告。

不仅如此，"胖东来"店内没有任何张贴广告的墙面，在产品旁边只有关于产品的普及性知识介绍。例如在售卖洗衣机的店面旁，用户会看到一面从世界第一台洗衣机的产生到目前洗衣机在全球发展状况的"历史墙"。不仅有知识介绍，"胖东来"还用心搜罗来一批与产品相关的历史旧物供用户参观。例如在电子产品区域，用户可以看到陈列有手机、单反相机机身、镜头的展示区。

（3）开放的环境

一般来说，很多企业由于担心资料泄露，因此会禁止用户拍照，这似乎已经成为约定俗成的事情。但是在"胖东来"，除了购物的用户以外，还有拿着单反相机、用手机拍照的游客。他们可能是外地的游客，仅仅是对"胖东来"充满好奇才拍照，或者是来参观学习的其他商场的管理人员，但是不论他们抱着什么样的目的，都可以在"胖东来"自由拍照。

"胖东来"的开放不仅体现在对商场的自由拍摄方面，其文化资料、标准手册包括视频资料等也都是公开的。对于那些前来学习经验的创业者，"胖东来"的工作人员也会做到以诚相待，尽自己所能为对方答疑解惑。

（4）为用户消除后顾之忧

用户在购买产品的时候，最怕遇到质量问题，因此很多企业都会向用户保证可以退货。"胖东来"更是将无条件、无理由换货做到了极致。在"胖东来"，绝大多数产品都可以享受 7 天内无条件退货的服务。用户在"胖东来"电影院看电影，但是对电影感到不满意，甚至可以在电影结束后 20 分钟内退票。

"胖东来"尽力为用户提供完美的消费体验，与他们建立实实在在的联系。当然，"胖东来"也在此基础上受到了广大用户的喜爱，并获得了良好的发展。通过此案例我们可以知道，企业如果想提高用户黏性，那么与用户建立有温度的连接是最为关键的一点。

情感能够对用户产生激励，让用户产生心理变化，从而加深其对企业的记忆，企业也因此能够占据用户心里的位置。企业将产品或者广告与用户自身的情感相结合，往往能够引发用户共鸣，获得非常不错的营销效果。

12.2.3 筛出用户情绪洞察点

传统的营销强调产品的性能和卖点，但随着技术的升级，各类产品的性能已经逐渐趋于完善，高质量的产品也有很多。因此，企业想要凭借高质量的产品脱颖而出是很困难的事情。在这种情况下，为了吸引用户，企业必须在保证产品质量的基础上，通过添加其他因素来改善营销策略，这个因素就是情绪。

研究表明，大脑中负责理性思考的区域和负责情绪的区域不能够同时工作。也就是说，当人们处在被情绪支配的状况下时，理智完全无法对情绪进行压制。因此，我们会发现生活中有很多冲动性的消费行为，这是企业制订营销计划的一个方向。

消费行为学理论认为，情绪对用户的决策行为有着直接的影响作用。通常情况下，用户的购买决策过程包括识别需要、搜集信息、评价备选项、选择购买和售后服务评价。在整个决策过程中，情绪化的、感性的决策可以体现在任何一个环节。

在识别需求的过程中，用户首先关注的是能够影响自己情绪的信息；在搜集信息的过程中，用户更关注产品的知名度、产品的信誉度等；在评价备选项的过程中，用户最主要的评价标准仍然是从自身的情感和情绪出发的；在对售后服务进行评价时，用户的标准也是产品是否符合用户情感上的期待。

事实证明，不论用户在购买过程中如何试图进行理性决策，都会受到情绪的影响。当用户具有负面情绪时，一般能够根据理性的认知来作决策；但当用户处在正面情绪中时，就会依赖对品牌的情感，根据直觉和想象作出决策。

这是由于正面的情绪会使用户在选择产品时更加积极，主观上会更加主动且深入地搜索需要的产品的相关信息，容易对产品给出积极的评价，并基于此作出决策。负面的情绪则更容易使用户对产品给予悲观、消极的评价，反而能使用户更理性地看待产品。

因此，企业在制订营销计划时应该重点关注用户的情绪因素，分析用户的情绪状态，并对此进行相应的引导，努力营造能使用户产生积极情绪的氛围。如果用户在整个购买过程中一直处于积极正面的情绪，那么他们很有可能会直接成为企业的忠实用户，企业也会因此而进一步提升品牌的竞争力。

企业想要筛选出用户的情感洞察点，具体可以从以下3个角度入手。

1. 调动、维持用户的正面情绪

企业应当重视能够在营销过程中唤起用户积极情绪的方法，通过引导用户的正面情绪来提高用户的期待，尽量帮助用户避开负面情绪的影响。不同的用户会有不同的情绪点，企业应根据用户的个性和特质，将用户划分为不同的类别，然后有针对性地对不同群体进行情绪的引导和管理。

2. 加强情感营销

企业在进行情感营销时，需要赋予产品一定的情绪价值，在产品功能满足用户需求的基础上，将产品本身和用户的心理感受、情绪价值等内在因素结合起来，使用户在情感层面和企业产生深层的联系，从而达到良好的营销效果。

3. 广告宣传加入企业的情绪概念

企业在投放的广告中加入情绪概念，可以激发用户内心的情感，满足用户情绪层面的需求，促使用户在心理上拉近和企业之间的联系，引发用户的共鸣。

在某种程度上，合理地使用情绪概念能将企业的形象具象化，加深企业在用户心中的印象。因此，企业应该在制定营销策略时勇于探索新思路，深度挖掘并灵活运用用户的情绪特质，发挥情绪价值的力量，打造出让用户感到亲近且信赖的品牌。

12.2.4 关注情绪内容与传播媒介

最基本的情绪一共有四种：快乐、悲伤、恐惧和愤怒。除此之外，还有一些能够被感知并拥有专属名称的情绪，例如羡慕、焦虑等。每种情绪都对用户有着不同的唤醒作用，都会激发用户作出不同的消费决策。

在有效识别用户的不同情绪以及鉴定用户如何被情绪影响后，企业应关注用户的情绪，利用不同的传播媒介将情绪对用户的影响放大。企业在与用户进行情感交互时基本上会有两种导向：一种导向是促使用户向往积极的情绪，即高兴的情绪；另一种导向是帮助用户回避那些消极的情绪，即悲伤、愤怒、恐惧的情绪。

在第一种导向中，企业可以将自己的品牌和一些让用户感到愉快的、积极正面的事情结合起来。时间久了，用户就会对此形成思维惯性，从而将正面情绪转移到品牌上来，这就是情感调节的作用。企业带给用户积极向上的情绪，有利于用户形成对品牌的偏好。每日优鲜的广告就是将自己"好好吃饭，用心生活"的广告语和一些新鲜食材摆在一起，唤起用户愉快、积极的情绪。

在第二种导向中，企业可以唤起用户的消极情绪，使用户产生回避该产品的倾向。例如新零售生鲜品牌就可以通过描述用户无法获取新鲜便利食材的场景，让用户对此产生消极情绪，同时为用户指明道路，表明"如果想要获取新鲜便利的食材，我们品牌可以为您提供优质服务"，从而使用户产生购买欲。

此外，还有很多情绪不能被归类在积极情绪和消极情绪里。例如木槿生活宣传的是一种时尚、纯净、自然的生活态度和理念，广告语是"生活，从木槿开始"，这迎合了用户对这种生活方式的向往情绪。

除了要了解情感交互的两种导向，企业还应该了解情感交互的步骤。成功的情感交互通常分为三个步骤：第一个步骤是挖掘和发现用户的情绪；第二个步骤是对用户的情绪进行总结和梳理；第三个步骤就是引爆情绪点、点燃用户的情绪之火。

那么，企业应该如何针对不同的情绪和不同的产品类别，做好情感交互、引燃用户的情绪之火呢？以下几点值得注意和学习。

1. 找到相关的情绪发力点

找到相关的情绪发力点，即寻找到当前用户的痛点，并以此为核心发力。寻找的这个痛点应该符合当前市场上大多数用户的情绪需求，并与现状形成反差，从而刺激用户的情绪。

2. 产品和情绪紧密结合

在找到了一个很好的情绪切入点之后，企业就要想办法将产品和这种情绪结合起来，这并不是一件很容易的事。因此，企业在寻找情绪切入点的时候就应当选择和产品有关联的情绪，例如迪士尼的快乐梦幻情绪等。

3. 成为情绪的代言人

让产品成为情绪的代言人，即让用户一产生这种情绪就能想到产品，使产品成为在用户心中印象深刻的存在。

4. 让情绪更加具体

情绪点不能太大、太空泛，要结合情景。企业需要总结提炼出新时代用户的情绪特征，这也是情感交互里最关键的步骤。

企业在进行应用情感交互时，一定要换位思考，用自己的思路考察、挖掘用户的情绪和心理，并对此进行加工、总结和引爆。同时还要重视用户的情绪和体验，用真诚的情感关怀用户，绝不能欺骗用户，否则不仅会使用户感到不满，更可能将自身形象拉入被用户排斥的深渊。在泛娱乐时代智慧营销的背景下，企业更需要严格注意这一点。

12.2.5 "一点当典行"：京东白条新玩法

在电视剧《第8号当铺》中，可以典当任何物品的当铺给观众留下了深刻的印象。京东白条的"一点当典行"就把剧中传说中的当铺变为了现实。由"京城第一鬼宅"朝内81号改造成的"一点当典行"成了深受用户喜爱的网红店铺，数万名用户纷纷来到店铺打卡，典当负能量，换取正能量。

"一点当典行"无疑是"有灵魂的营销"。当下，几乎所有品牌都在让品牌年轻化，而京东白条正好把握住了这一趋势，以年轻人的情感为切入点，吸引他们关注品牌。

当代年轻人面临来自社会、生活等方方面面的压力。他们渴望改变，但苦于现实中没有突破口，于是他们喜欢上了用各种方式寻求"刺激"。京东白条针对年轻人这一痛点和情感需求，将神秘的朝内81号改造成"一点当典行"，为年轻人提供真实的"改变灵魂"的体验。在沉浸式场景中，年轻人通过"典当"这种仪式感，把负能量"分期"丢掉，切身感受自己改变的过程。

1. "不务正业"的"一点当典行"

"一点当典行"一反常态，打破传统金融理财中当铺的玩法，实行"六当六不当"，即"金银铜铁锡一样不典，喜怒哀乐忧全部可当"。这么新奇有趣的体验谁不乐意参与呢？"一点当典行"也因此火爆异常。

2. 情感连接"改变灵魂"

活动地点选得好也能为创意加分，甚至可以成为活动传播的突破口。朝内 81 号作为传说中的"鬼宅"，一直有一层神秘色彩，甚至还有以此为原型创作的恐怖电影。"一点当典行"在这里开门营业，可以说是极大地迎合了人们的好奇心。

整栋建筑被改造得焕然一新，一改人们印象中阴森、恐怖的场景，反而变得很温暖治愈。京东白条就像贴心的心理医生，把人们内心深处的各种负能量以"当品"的形式具象地展示出来，让人们看得见、摸得着，从而唤醒人们心里想彻底摒弃它们的情绪。认清这些负能量后，就要开始进行改变。典当行墙壁上挂着许多空白"当票"，人们可以写上自己想要"典当"的内容，交给当铺掌柜。

在传播层面，"一点当典行"并没有铺天盖的宣传，而是针对喜欢新鲜事物的群体进行精准传播，通过多平台交互，引爆人们的好奇心。在线下，朝阳门地铁站"一点当典行"专列，引起了许多人的好奇。大部分人都是因此赴现场体验。在线上，人们通过参与"我在分期负能量换好礼，请助力"活动，邀请好友帮自己"赎当"，使"一点当典行"在朋友圈大范围传播。线下线上联动的同时，京东白条巧妙地在其中植入了产品和服务，既为平台引流，又为后期活动奠定了基础。

虽然品牌年轻化没有定式，但"一点当典行"这个案例还是体现出了一些营销定律。总结起来有以下两点。

1. 建立情感连接

京东白条的"一点当典行"通过与用户建立情感情感，与用户玩在一起，唤醒他们的情感共鸣，与其进行深入灵魂的对话。

2. 构建"潮人"人设

品牌如人，没有人设的品牌很难长期存在。从"一点事务局"到"一点当典行"，京东白条都在宣传"改变"，鼓励年轻人勇敢尝试，追寻多彩青春。通过这些活动，京东白条将品牌的"潮人"人设深深地植入了用户心中。

12.2.6 碧浪："爸爸分担重负"短片

碧浪洗衣粉在印度曾经做过一个主题为"Dads Share the Load"（爸爸分担重负）的品牌广告。短片选择了一个爸爸的视角，爸爸目睹女儿在下班后一边处理工作，一边还要收拾房间洗衣服做饭的情形，而女儿的丈夫却在沙发上喝咖啡。

作为一名同样不曾帮妻子分担家务的父亲，他感到非常懊悔，觉得自己为女儿做了错误的榜样，导致女儿从小在男权主义的家庭氛围中长大，从未意识到还可以让丈夫帮忙做家务。父亲为造成这样的结果向女儿道歉，同时也对女儿的丈夫理所当然的不作为感到不满。后来，这位爸爸开始改正错误，主动帮自己的妻子分担家务，因为他不会烧饭，所以选择了洗衣服。

碧浪的这个广告，抓住了 70% 的印度男性认为妻子应当负责家务，而印度女性平均每天需要花费 6 小时在家务琐事上的不公平的社会现象，反映出印度女性渴望改变现状的想法。85% 的印度女性都需要承担家内、家外两份工作，而大多数印度男性则不需要，所以很多印度女性都认为男性也要承担家务劳动的重负。

正因如此，这个短片引起了广大印度女性的共鸣，迅速在网络上传播开来，获得了 20 亿次曝光。这个效果相当于 1100 万美元的广告曝光率，并且刺激了 200 万男性访问了碧浪洗衣粉的官网，在"分担重负"的保证书上签下自己的名字。这个广告为碧浪洗衣粉的销售额带来了 111% 的增长，超出了之前任何一种营销广告所带来的利润。

碧浪洗衣粉的这个广告从情感、价值观、感性的角度去触动用户。在看到这个广告之后，许多印度男性从"不让自己的女儿做家务"的角度出发，开始帮妻子分担家务，进而认同碧浪这个品牌传递出的价值观而去购买产品。

12.3 5G 时代，交互载体不断增多

与用户做好交互的目的就是要留住用户，加强用户对企业的信任，促进用户持续性的消费，让用户为企业介绍新的用户，最终实现病毒式

传播。而要想达到这样的目的，就少不了交互载体的支持和助力。

5G 时代，交互载体不断增多，社交平台和短视频平台也在不断发展。这两个交互载体有不同的特点，企业通过这两种交互载体进行营销活动的营销重点也要有所差异。其中，社交平台的营销重点是内容创作，而短视频平台的营销重点是 KOL 植入。

12.3.1 社交平台：针对所处领域创作内容

随着互联网的不断发展，社交平台的地位也变得越来越突出，甚至已经成为营销和推广的主要渠道。作为社交平台的一个重要功能，分发内容也应该受到高度关注。这就意味着，企业要想利用社交平台打造品牌，吸引更多用户，就必须做好内容的推送。至于应该如何做好内容推送，则需要掌握一定的技巧，如图 12-3 所示。

1　推送有价值的内容

2　重视用户体验，拒绝恶意推送内容

3　根据用户推送内容

图 12-3　做好内容推送的技巧

1. 推送有价值的内容

什么样的内容更容易获得用户关注？一定是有价值的内容。这里所说的价值囊括了很多方面，例如给用户帮一些小忙、给用户一些启发、给用户一些动力等。总而言之，只要是用户需要的内容，就都可以看作有价值的内容。

2. 重视用户体验，拒绝恶意推送内容

如今，用户对体验的重视程度空前高涨，如果体验没有达标的话，那企业所有的努力都可能变为徒劳。在用户眼中，只要是与品牌有关的东西，就有打广告的嫌疑。所以，企业一定不要恶意推送内容，尤其是

恶意推送不受用户待见的广告。

3. 根据用户推送内容

内容要在了解用户喜好的基础上进行推送，用户喜欢什么，就应该推送什么样的内容。例如企业销售的产品是健身器材，潜在用户是健身爱好者，但企业在社交媒体上推送的都是美妆类的内容，试问有多少健身爱好者会喜欢看这些呢？所以，在推送内容的时候，企业一定要多站在用户的角度思考问题，这样才可以达到推广品牌和企业的目的。

百雀羚就瞄准了社交平台这一推广"宝地"，用一篇以 20 世纪 30 年代上海美女特工为主角的长文案刷爆了朋友圈。这一方面大幅度地提升了百雀羚的知名度与社会认可度；另一方面也为百雀羚吸引了一大批新用户。

凭借着设计人员的强大脑洞和创新精神，百雀羚长文案获得了巨大成功。文案中囊括了多种元素、多种场景，例如 1931 年的上海滩、身穿绿色旗袍的美女特工、旧上海的各类风俗人情等。

百雀羚长文案是专门为母亲节设计的，是一次成功的营销活动，一直到投放 3 天以后，该长文案依然在朋友圈刷屏，并获得了将近 600 万的阅读量，与其相关的"10 万 +"文章也出现了 10 多篇，各种各样的互联网软文更是超过了 2400 篇。

那么，为什么百雀羚的营销可以获得如此巨大的成功呢？主要原因包括以下 3 个，如图 12-4 所示。

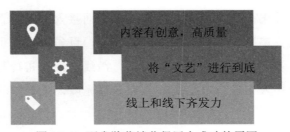

内容有创意，高质量

将"文艺"进行到底

线上和线下齐发力

图 12-4　百雀羚营销获得巨大成功的原因

1. 内容有创意，高质量

百雀羚长文案借助复古元素展现东方美。怀旧是很多用户都会有的一种心理情结，当积极的怀旧情结成为群体性心理时，"怀旧营销"也存在着巨大的商业价值。百雀羚长文案主打怀旧，不仅符合百雀羚百年品牌的形象，也有利于占领年轻用户的心智。

另外，百雀羚长文案中创意满满的感性文字，不仅让用户有愉悦、自由、轻松的感觉，还加深了百雀羚在用户心中的良好印象。在此次营销活动中，百雀羚本着"以花酿呵护肌肤，以文艺滋养心灵"的情感基调，输出了文艺款款的高质量内容，这对于女性用户来说就像是一场心灵上的盛宴，从而引发了广泛的共鸣与无限的联想。

2. 将"文艺"进行到底

百雀羚长文案通过文艺的方式与用户建立情感沟通。在百雀羚的品牌调性中，"文艺"贯穿始终，所以该长文案将海派文化与摩登时尚的清新文艺风格相融合，将女子与花草植物相融合，从而优化了广告的整个画风，打造出了在复古中不失时尚的韵味。

为了留住那些年龄较大的忠实用户，百雀羚一般会选用简单朴素的产品包装。但年轻用户喜欢新奇，希望产品有一种"我们不一样"的效果。为了平衡两类用户的需求，百雀羚通过文艺风格将形式的复古与语言的潮流相融合，最终达到了非常出色的效果。

不仅如此，百雀羚还特意推出了专门为年轻用户设计的系列产品，例如山茶花玲珑玉润系列产品、雪莲花冰清莹白系列产品、三色堇控油清肌系列产品、栀子花舒缓细肤系列产品等。

3. 线上和线下齐发力

通过线上输出高质量内容，以及线下全面接入市场，百雀羚实现了线上与线下的完美融合。具体来说，在线上，百雀羚推送了深受用户喜爱的长文案，实现了高质量的内容输出；在线下，百雀羚与屈臣氏达成了合作，全面接入市场，以此大幅度提升曝光度，强化年轻用户对百雀羚品牌的认知。

由百雀羚的案例我们可以看出，在通过社交平台进行营销和推广的过程中，推送高质量内容是非常关键的一个环节。与此同时，企业还要重视线下的作用，实现线上和线下的高度配合。这样不仅可以为品牌吸引更多的用户，还可以进一步提升品牌的曝光度。

12.3.2 短视频平台：通过KOL与用户交互

在 5G 时代，短视频越来越受欢迎，短视频平台也顺理成章变为企业与用户交互的新载体。在通过短视频平台与用户交互的过程中，企业可以借助 KOL（关键意见领袖）的力量，也就是进行 KOL 植入，来实现与用户更好地交互。这里所说的"KOL 植入"是指，借助那些在特定领域拥有影响力的人物，让品牌、产品与用户建立起密切的联系，并且保持良好的互动。

对于企业来说，与在短视频平台中投入广告相比，在短视频平台中植入 KOL 会取得更好的变现效果。其中的原因主要有以下 3 个，如图 12-5 所示。

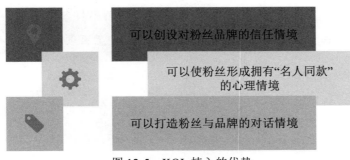

可以创设对粉丝品牌的信任情境

可以使粉丝形成拥有"名人同款"的心理情境

可以打造粉丝与品牌的对话情境

图 12-5　KOL 植入的优势

1. 可以创设粉丝对品牌的信任情境

KOL 拥有众多的粉丝并与粉丝建立了良好的信任关系，KOL 可以利用这种信任关系打造对品牌的信任情境，这对于企业的营销而言是十分有利的。以著名 KOL "道上都叫我赤木刚宪"为例，她曾经为一款口红做广告，这款口红的价格是 350 元。尽管价格并不便宜，但在很短的时间内，这款口红的销售量却已经非常可观。

能够取得这个成绩的最大功臣就是这位 KOL：一方面，由于她向自己的粉丝极力推荐口红，唤起了大家的购买欲；另一方面，由于她是一个美妆领域的 KOL，拥有极多的粉丝，对粉丝的影响力也非常大。所以，当她在极力推荐这款口红的时候，就已经将粉丝带入了一个信任的场景当中，从而使品牌获得了粉丝的无条件信任。

2. 可以使粉丝形成拥有"名人同款"的心理情境

除了信任情境之外，KOL 还能在粉丝心中营造出一个"我也能有名人同款"的场景。通常来说，粉丝数量比较多的 KOL 都具备名人效应。如果他们为某个品牌做广告，那么他们的粉丝也会追随 KOL 的选择，从而带动品牌的推广。

3. 可以打造粉丝与品牌的对话情境

KOL 可以成为连接用户、品牌以及产品的桥梁，这一点，最具代表性的体现就是粉丝发表在视频下面的评论。通过评论，企业可以清楚了解到粉丝（即潜在用户）的真实感受和硬性需求，从而优化自己的形象和口碑，获得更加丰厚的收益。

KOL 可以通过内容为粉丝提供相应的情境，以此来达到提高品牌曝光率以及产品销售量的目的。这是投放广告所不具备的优势。那么，KOL 植入到底应该怎样做呢？主要有以下 3 点注意事项，如图 12-6 所示。

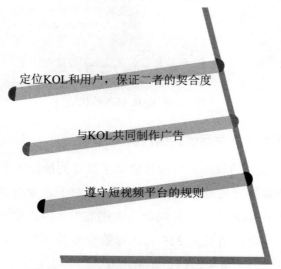

定位KOL和用户，保证二者的契合度

与KOL共同制作广告

遵守短视频平台的规则

图 12-6　做 KOL 植入的 3 点注意事项

1. 定位KOL和用户，保证二者的契合度

"定位"是一个出现频率颇高的词语，可见其在营销当中的重要地位。定位 KOL 与用户，主要是为了保证二者的契合度。只有与用户契合度高的 KOL，才有助于吸引用户关注，对推广、宣传起到一定的作用。

在互联网时代，KOL 与用户的契合度非常重要。如果 KOL 与品牌定位不相符的话，那么即便其有再多的粉丝，也无法为品牌带来很好的传播效果。而要保证 KOL 与用户的契合度，就离不开对 KOL 和用户的定位。

2. 与KOL共同制作广告

企业在制作广告的时候，一定要与 KOL 进行全面的沟通和交流，切忌将已经使用过的创意照搬到下一个具有影响力的 KOL 身上。保证与 KOL 的沟通，可以有效防止 KOL 出现不满情绪，从而保证整个过程的正常进行。

3. 遵守短视频平台的规则

不论是在哪一个短视频平台上做广告，都要注意相关的规则。通常情况下，不同的视频平台会有不同的规则和制度。入驻短视频平台的企业必须提前了解并熟知短视频平台的规则，这样才可以妥善地制作出符合要求的广告，避免出现不可逆转的损失。

对于短视频平台上的广告，硬广告的效果通常不会很大，搭配了 KOL 的软广告反而更容易获得人们的喜爱。这样看来，对于企业来说，通过做 KOL 植入获得收益是一个比较不错的办法，毕竟 KOL 有情境方面的优势，会让用户自己找上门来。

12.3.3 小红书的KOL导流模式

小红书创始人翟芳曾表示，在社交媒体时代，广告变成了口碑，小红书上的每一篇口碑推荐，对于用户来说都是最好的广告。小红书的以 KOL 为核心的"种草"营销，越来越受用户欢迎，因为它强调体验感，更显真诚。

小红书的带货实力也的确不负它重要的营销价值。小红书作为一个生活方式分享社区，覆盖了时尚、美妆、美食、出行等多个领域。2019 年，小红书用户突破 2 亿人，这些用户主要是"90 后""95 后"等年轻女性群体，强大的用户群体造就了小红书的电商属性。小红书长期制霸社交类应用软件榜首，可见其非常受欢迎。

小红书平台上的 KOL 分享，充分满足了用户获取购物信息的需求。其中覆盖全球上百个国家的旅行笔记，帮上千万用户找到了心仪的目的地。小红书作为品牌传播的阵地，通过输出真实的推荐内容，为品牌提升了口碑，帮助用户"种草"，提升了产品销量。

小红书的商业模式介于电商和社区之间。那么，企业应怎样借助小红书导流、"种草"、销售产品？

1. 新品上市，全方位展示产品卖点

新产品上市最重要的目的就是快速获取用户的认知，提升转化率。对此，企业可以在新品发布前后，让不同的 KOL 创作不同的内容，分别侧重产品使用、功能、测评、安全性、包装等方面，以此来对产品进行全方位展示，吸引用户"种草"，实现产品销售。

例如艾诗摩尔 U 型洁牙仪为了提高用户的认知，联合微播易锁定了19 位小红书 KOL 进行"种草"。其中的一名 KOL 通过翻拍《还珠格格》的热门片段，巧妙植入艾诗摩尔洁牙仪，成功助力了该产品的"双 11"大促活动。

2. 品牌活动宣传，KOL进行体验扩散

企业可以邀请不同行业的 KOL 体验产品并"种草"，为产品活动进行宣传。例如企业可以先在小红书发起活动进行预热，然后再邀请小红书 KOL 扩散体验、分享使用感受，最后，用户在 KOL 的带领下产出优质内容，爆款产品得以形成。

3. 日常带货

企业可以通过多位 KOL 分享产品使用体验，以图文、视频等形式保证产品的持续曝光，从而提升品牌的关注度，助推产品销量。例如芭比波朗为推广胶囊气垫粉底和唇膏，联合微播易进行了两轮"种草"营销。在第一次营销活动中，该品牌邀请了 25 位不同领域的 KOL 进行图文"种草"，获得了 306 万次的总曝光量。在第二次营销活动中，它邀请了 43位美妆领域的 KOL 进行图片"种草"，展示了唇膏试色的效果，获得了2196 万次的曝光量。

"互联网+"时代需要有激情和梦想的企业，5G 为流量带来强势增长的入口，引发了现象级的互联网趋势，也为 SEM 智慧营销带来了新的机遇和挑战。

在这种大趋势下，用户的点击和搜索需求也跟着有所变化，那就是要求能快速找到自己想要的可信赖的信息。这样的时代背景和用户需求对企业的要求越来越高，企业有必要对 SEM 智慧营销展开深入的研究，研究在 5G 时代中企业应如何做好 SEM 智慧营销。

13.1 与 SEM 有关的那些事

SEM 智慧营销是一项技术性工作，需要企业以理性的数据思维来开展这项工作。关键词是什么？如何选择关键词？如何控制流量和数据？推广策略的制定技巧是什么？如何制定出价方案？这些都是企业需要了解的问题。在开始 SEM 智慧营销之前，企业必须对 SEM 进行全面了解，才可以找对推广的方向。

13.1.1 关键字不用选太多，否则就是浪费

SEM 以竞价方式为企业寻找精准受众，而在竞价账户投放过程中，关键词对吸引精准流量发挥了至关重要的作用。每一个关键词都代表了一个访客需求，也就是说，用户搜索什么样的词，就意味着他有什么样的需求。

所以，企业必须选择最靠近用户需求的关键词。常见的关键词类型有产品词、行业词、品牌词、通用词、人群词和活动词。在这六大类关键词中，转化效果比较理想的是品牌词与行业词，企业在制定 SEM 策略时，要尽可能选择高转化、高投入产出比的关键词，少用通用词，虽然通用词的搜索频率比较高，但最终的转化率并不是非常理想。

另外，关键词广泛匹配不一定等于没有回报的投入，而精确匹配获取的不一定是精准流量。因此企业要结合关键词选择合适的匹配方式，而不是单纯为了精准流量就一定选择精确匹配。精准与否要看用户的购买意向和需求程度，如果用户在未精确匹配的条件下也购买了产品或服务，那么这也是精准流量。

有时候，关键词会匹配到与本网站业务无关的搜索词，这时就要进行否定词操作，简称"否词"。否定词分两类：一是常规词，时不时就会被搜索，导致网站广告被迫展现、点击，但根本没有有效成交；二是因受到社会热点事件影响，某个关键词的流量会在短期内骤增。例如奥运会期间，"奥运会""吉祥物""运动"等关键词的搜索量非常高，但与本网站的内容并没有太大联系。所以，企业要控制好否词，避免无效流量。

否词与访客需求相背离会干扰网站的正常运转，所以企业要建立一套否词词库，提升关键词与访客需求的匹配度。例如企业可以结合搜索词报告、百度统计、咨询工具等，找到那些不相关的搜索词，将它们添加为否词。

企业还可以利用关键词工具搜索关键词推荐。在被推荐的关键词中，常常会有与企业或网站业务无关的关键词，企业也需要将这些关键词否掉。这种利用关键词工具找到否词的做法，效率和准确率都相对高一些。

关键词与访客需求之间有密切联系，而SEM的最终目的是成交与销售，所以，企业要从关键词的角度看SEM。关键词是SEM的根本，控制好关键词也就控制了SEM，二者是相辅相成、相互影响的关系。

此外，竞价成本提高或始终居高不下，多半也与关键词有关系。每一个关键词都代表了访客需求，企业需要做的是将关键词和这些需求进行匹配。企业可以从访客需求入手，倒推关键词。访客会在网站中留下大量的访问信息，比如他们会查询产品的功能、产品的价格、产品的优惠活动等。企业可以对这些信息进行分析统计，明确访客提出最多的关键词。

企业对关键词的精准性有要求是为了更加贴近访客需求，及时做好匹配，但同时，访客需求也会反过来影响关键词的选择以及变动。企业应该通过搜索词报告和关键词，进行关键词优化，调整账户结构以及出价和创意，检验匹配模式，从而更精准地对接访客需求。

13.1.2　流量与数据控制

　　企业在上线推广账户以后可能会遇到一些问题，例如关键词的展现量非常低，甚至没有展现等。在这种情况下，企业可以通过关键词匹配模式，扩大用户覆盖范围。

　　关键词匹配模式主要包括三种：短语匹配、精确匹配以及广泛匹配。在推广初期，企业最好不要大规模开展精确匹配，因为这种做法既烧钱也不容易出现特别好的效果。当然，企业也要实时监测关键词的数据表现。企业进行关键词匹配的目的是获得流量，但也要懂得控制流量，无效流量的进入门槛再低也不能接收。

　　开展 SEM 就是为了获得流量，将流量转化为订单，完成成交，理想情况是将所有进入网站的流量全部转化为订单，但事实上这几乎是不可能实现的。

　　一方面，流量进入以后，可能会因为对着陆页面、产品或业务等不满意而离开；另一方面，如果进入的流量本身有问题，那么也不可能实现转化。所以，在 SEM 过程中，企业要学会流量控制。虽然所有企业都希望得到流量，但也不能对所有流量全盘接收，而要有控制能力，开源节流，引入优质流量，才能真正实现高转化。

　　如何实现高效转化？我们首先从关键词说起。用户有什么样的需求就会搜索什么样的关键词，所以，企业一定要根据业务、产品或服务将有效关键词分类，包括产品词、行业词、品牌词、通用词、人群词和活动词等。这些关键词也要根据实际情况"区别对待"，即结合用户搜索习惯和预算，推导有效关键词。

　　其次，企业要关注访客的搜索词。由于关键词匹配模式对流量的影响非常大，因此有些企业认为，要想获取精准流量，就要将关键词匹配方式定为精准匹配，从而轻视了广泛匹配的作用。这种观念并不正确。精准流量虽然与匹配模式有关系，但不是绝对的，它更多的还是与用户的搜索词有关。

　　用户的搜索词真实反映了用户的需求，所以，企业在流量控制工作中，必须结合用户的搜索词，制定关键词匹配模式。企业需要根据搜索词与推广业务的相关性，为关键词寻找合适的匹配模式。此外，如果发现异常流量，要及时处理或直接屏蔽，因为有些流量是恶意点击产生的，这就要求企业进行必要的数据分析与数据控制。

流量控制是要截留无效流量，开放优质流量，进而提高转化率，降低转化成本。为什么流量控制很重要？试想，如果一个休闲食品零售店中人头攒动，但其中有很多只逛街不购物的顾客，那么这样的零售店只是看起来红火，实际上生意惨淡，过多的流量甚至还会导致营业成本增加。对于企业而言，流量控制更多的是排除那些企业不需要的流量进入，而结合数据分析控制，实现科学管理。

最后再来看看恶意点击带来的流量。通常来说，精确匹配条件下带来的流量优质度往往比较高，因为这与用户的搜索需求相吻合。但也有例外情况，例如恶意点击。对于企业而言，处理恶意点击最主要的方式就是进行 IP 排除。

在进行 IP 排除时，企业要特别注意真假问题，也就是分析 IP 行为是否为恶意点击。某个 IP 多次重复点击某个推广广告，确实可能是恶意点击，但也有可能点击者是真实的潜在用户。因为在公用一个对外 IP 时，多人同时操作点击的话，也会产生这种看似恶意点击的行为。

从本质上来说，SEM 是一种付费广告投放方法，追求的目标是以最低的成本投入获得最精准的流量，将产品或服务推广给流量，实现销售目标。而开源节流的流量控制能够有效提高流量的转化率。

对流量进行控制，既是有计划地使用预算，减少不必要的浪费，也是提高网站质量和转化率的有效方式。当然，这其中离不开数据分析。SEM 过程中的数据分析贯穿在整个账户搭建、建设与优化过程中，流量控制成为其中的重要组成部分。企业可以通过及时调整和控制流量，将推广方案做到最优。

13.1.3 推广策略：战略+内容+投放+监测

SEM 主要围绕投放渠道，制定相应的推广策略。移动趋势的增强以及数量众多的移动用户似乎也在使渠道和促销的势力弱化，因为用户都转到了移动端。所以，移动端的 SEM 更要有相应的推广策略。

基于手机的各类 APP，国内主流的浏览器、门户网站等，是 SEM

的主要投放渠道。而且，参与竞价的企业或者个人还可以与平台合作，全面把握数据报告以及对市场的洞察。那移动端的推广策略有哪些切入维度呢？

首先是战略问题。SEM 要有全局性的战略部署，用战略去对接技术，联系用户，让用户对企业产生兴趣和信任感。例如 SEM 要实现什么样的效果，为什么是这种效果，企业的阶段性目标是什么样的，SEM 的推广策略是什么样的，可行性是多少……这些问题都属于 SEM 的战略性问题，必须着重优化安排。

其次是推广策略的内容。SEM 需要有账户作为载体，搭建账户，并制定账户的推广策略。简单来说，就是通过撰写创意来争取靠前的排名，以便用户可以看到，从而点击进入着陆页面。从背后的运行机制来看，这个过程也是一个信息传输与转化的渠道和途径。为了增强推广策略，企业可以运用站外链接以及社交网络，扩大着陆页面网站的知名度和影响力。

再次是投放问题。SEM 的投放问题是企业必须面对的一大难点。同时，百度、360、Google 等都可以成为企业投放广告的渠道。

最后是效果监测与账户优化工作。企业需要从数据中看到隐藏的问题，找出解决方案，通过搜索词找到用户的使用习惯，从关键词中匹配更好的组合方式。

某企业计划运用 SEM 加大关键词在移动端的搜索投放，于是购买和开通了百度竞价、百度统计等百度系工具型产品，前期在百度做试运营投放。一个月以后，该企业通过数据统计与分析得知，移动端的用户访问时间集中在一天当中的三个时间段，相比 PC 端，移动端的用户的有效对话质量更高。

于是，该企业一方面加大在用户高峰时段的广告投放，争取左侧排名前三名；另一方面，在客服方面，根据有效对话整理出核心关键词，按照用户的心理接受范围和程度做了更多的优化工作，包括注册流程、问答回复以及着陆页面的图片展示等，尽可能让点击进来的用户进入注册环节，并争取获得用户的信任。

在移动端开展 SEM 是大势所趋，运营得当会有不错的效果，但企业还需要特别注意一些事项。

因为移动设备的品牌以及型号非常多，屏幕也各有不同，而且相比电脑，移动设备的屏幕一般都比较小。所以，在设计着陆页面以及移动端访问的网站时，其推广结果以及广告内容要更加小巧，不适宜投放太多的广告和过多的宣传图片，以免让点击进入的用户产生厌烦情绪而关闭网页离开。

同时，移动端的用户往往具备快节奏的使用习惯，快速搜索、快速浏览，而移动设备本身就是通信设备，所以，在联系方式方面，企业可以在着陆页面提供有效电话或者是社交网络的联系方式，例如 QQ 群、微信号等。

根据用户心理和使用习惯制定 SEM 推广策略，是搜索推广取得效果的基础支撑点，企业要特别注意这一点。

13.1.4　如何制定出价方案

很多企业在实际操作中，无法把控关键词到底出价多少才合适。出价太高的话，浪费资金，而且效果不一定好，甚至适得其反；出价太低的话，无法获得展现机会，SEM 也就无法得到应有的回报。

因此，企业在制定出价方案之前，首先要了解一下百度竞价的出价公式。百度竞价关键词实际的每次点击价格计算公式为：每次点击成本（Cost Per Click，CPC）=（下一名出价 × 下一名关键词质量得分）/ 自己的关键词质量得分 +0.01 元。

从该公式我们可以看出，关键词出价不等于广告的实际点击价格。其中，竞价点击价格的所有因素中的不可控因素是该公式中的"下一名出价 × 下一名关键词质量得分"，而可控要素就是自己账户的关键词质量得分情况。

需要注意的是，当关键词质量得分发生变化时，最低展现价格随之变化。关键词出价主要根据关键词的竞价程度、投入预算以及关键词排名目标等要素进行设置。当然，企业也可以运用竞价工具设置。

总体来看，SEM 竞价通常处于实时动态变化中，因此企业要考虑推广时段和竞价环境变化等因素，根据实际情况随时调整出价。那如何才能获取关键词的最低展现价格，用尽可能少的投入获得合适的排名和展现？这就需要企业在关键词出价方面把握三点技巧。

第一，按照时间进行推广。

现在的 SEM 推广更倾向于分时段推广，所以企业要了解高峰竞争时段，例如 9：00—11：00，14：00—17：00，20：00—22：00。上午的关键词需要出价 50 元才能排在左侧推广区的第 4 名的位置。但是，到了 20：00，竞争对手下线，这时，企业就应该适当调低出价，如果再出 50 元就很可能在浪费资金。

关键词出价在不同时段有不同的排名，对此，企业要明白，不是一直排在第 1 名就非常好，因为很多用户习惯货比三家，不会在看到第 1 名推广广告时，就下定决心购买。所以，让企业的关键词排在第 3、4、5 名的位置比较好，第 2 页的第 1、2、3 名位置也不错。

第二，按照地区投放。

同一个或同类关键词在各个地区的出价程度也不同，例如北上广等一线城市的出价普遍要高于二三线城市，所以，企业应该制定按地区投放关键词的方案和技巧。

例如某户外运动企业主推某款 2020 年早春运动服饰，该企业通过数据分析发现，在北京地区的出价和在山东菏泽地区的出价相差很大，但一般都在首页前三名的位置。单从地区来看，可以看出北京地区的消费人群整体经济实力较强，对户外运动的总体需求也比较高。由于山东菏泽是该企业生产基地所在地，所以将该地列为主要投放区之一，迎合当地消费群体的情况。

第三，合理控制预算。

层次清晰的账户结构会在多个方面有所体现，包括展现量、关键词排名、点击次数、下线时段等。优秀的企业也会根据账户结构和目标，合理控制预算，更加精确每个关键词的消费速度和投放时长。另外，在预算方面，企业不能对投入预算进行频繁调整，导致预算忽高忽低，因为这样不利于关键词的稳定，用户黏性和转化率也会受到影响。

以上三点为企业讲解了关键词出价的技巧。当然，关键词出价的技巧还有很多，例如不同关键词投放力度以及关键词的最低展现价格等。总体来说，企业要通过关键词技巧出价实现少投入、高转化，促使用户完成购买。

13.2　5G 让 SEM 发生巨大变化

5G 让很多行业、很多领域、很多工作都发生了巨大改变，其中当然也包括 SEM。从总体上来看，5G 对 SEM 的影响主要体现在 3 个方面：首先，搜索趋于个人化、口语化；其次，新的搜索词语越来越多；最后，搜索镜头化，摄像头将发挥越来越重要的作用。

13.2.1　搜索趋于个人化、口语化

通过对网站流量和 SEM 搜索词语报告进行分析，我们可以知道：5G 时代，个人化和口语化的搜索词语将不断增多。Google 提供的数据显示，目前，以"我可以"为开头的搜索词语增多了近 90%，例如"我可以在京东使用支付宝付款吗""我可以在淘宝购买邮票吗""我可以将狗带上飞机或者高铁"，等等。

除了"我可以"以外，"我应该""我需要"等相关搜索词语也比之前增加了很多。实际上，这些搜索词语给人的感觉就好像是用户在和搜索引擎对话一样。

与此同时，5G 也让搜索词语变得更加口语化。例如"如何在淘宝开设店铺"变为"怎样在淘宝开店"，"红烧肉经典做法"变为"怎么把红烧肉做好吃"，"纪梵希口红真实评价"变为"纪梵希的口红到底好不好"，等等。

其实出现这种现象的原因不难理解：首先，在 5G 时代，网络愈发普遍，网络用户中加入了一些低龄儿童或者文化水平不高的人；其次，搜索引擎的推荐词语越来越智能，很少有人会吹毛求疵；最后，语音搜索的使用越来越广泛，而语音助手接收的基本上都是口语化的指令。

因此，随着 5G 时代的到来以及各种智能设备的兴起，搜索词语势必会越来越个人化、口语化，这是不可逆转的趋势。

13.2.2 新的搜索词语越来越多

搜索词语除了更加个人化、口语化以外，还会变得越来越新颖，因为各种新产品、新服务、新人物、新思想、新事件和新需求都在 5G 的推动下出现。而且，网络让人与人之间的联系更加密切，每个人的新想法都将出现在社交平台上，并被其他人看到和学习到。

例如打开"百度搜索风云榜""Google Trends（谷歌趋势）""App Store（苹果应用程序商店）"总能看到一些新事件、新词语、新应用，而且其中有很多是之前都没有听说过的。Google 公布的数据显示，Google 每天的搜索词语中，有 15% 是之前从来没有出现过的，而这 15% 的新的搜索词语，其实蕴含着巨大的流量需求。

网络中每年都会产生不少新词，很多新词也会成为搜索的热词。2019 年就产生了不少网络新词，例如"盘它""9102""雨女无瓜"等。"盘"本意是指用手反复摩挲文玩物品，使文玩物品外表光泽，而在相声《文玩》里还有一段关于它的精彩表演："干巴巴的，一点都不圆润，盘它"，于是"盘它"这个词也在广大网友的传播中火热起来，最终发展为"万物皆可盘"。"9102"是"2019"的倒写，用来夸张地比喻年代久远。"雨女无瓜"出自《巴啦啦小魔仙》真人版，原本的台词是"与你无关"，但剧中人物讲这句台词的发音特别像"雨女无瓜"，于是"雨女无瓜"这个词也因此火热，成为网友的快乐源泉。

随着时代的发展，新的搜索词将会不断出现。"9102""雨女无瓜"等都是网友自创的网络流行词，除了这些词以外，随着技术的进步，一些与技术相关的新词也会不断出现，例如随着 5G 的发展，"沉浸式体验""远程医疗""智慧城市"等词也变得越来越火热。未来，随着 5G 的发展及其在各领域的落地应用，必定会有更多与 5G 相关的新词被创造出来。

13.2.3 搜索镜头化，摄像头发挥作用

随着手机的更新换代，摄像头的功能越来越多，这一点在 5G 时代将表现得尤为明显。例如打开百度 APP 的摄像头，可以扫码、搜题、翻译、

识别物体；打开淘宝的摄像头，可以 AR 识别、扫码、搜产品、扫封面；打开微信的摄像头，可以扫码、翻译、搜街景。

人工智能和 5G 的助力，让摄像头的功能已经不仅仅有扫描、照相那么单一。从文字到图片，从图片到语音，再从语音到视频，"搜索词"拥有了越来越广泛的含义，它可能是一张名片、一份表格，也可能是一个模糊的背影。

5G 和人工智能时代的来临，或许让视频搜索成为可能。具体来说，就是用户不需要输入文字或者说出语音，而是通过一段视频去搜索自己需要的内容。未来，用户需要的只是打开摄像头就可以简单、快捷地完成搜索。摄像头正在或者已经成为不可或缺的搜索入口。

13.3 5G 时代，企业如何做好 SEM

5G 让 SEM（Search Engine Marketing，搜索引擎营销）发生了巨大变化，这已经是无可置疑的事实。那么，面对这样的情况，企业应该如何做好 SEM 呢？首先，关注移动搜索的强大趋势，将重心放在移动端；其次，时刻关注搜索词语报告，坚决满足用户的搜索需求。

13.3.1 将重心放在移动端

在 5G 时代，移动端业务会成为企业业务的重心，因为手机会成为用户购买产品、获取资讯、进行社交的载体。同时，在这一趋势下，百度也表示，百度 PC 端向移动端的转换已经完成，移动端在用户中的渗透程度非常高。

百度作为全球最大的中文搜索引擎，其数据充分显示了移动搜索的强大趋势，这也是企业应该关注移动推广趋势的一大重要原因。同时，用户的使用习惯也在配合与加速这一趋势的增强，从而使 SEM 发生了很大的变化。

用户的使用习惯由 PC 端转变为移动端是推动移动端业务快速增长的直接因素。大屏手机、平板设备、网络运营商服务升级以及 5G 普及等，更是使移动端业务获得了进一步发展。因此，SEM 推广也要从 PC 端逐渐向移动端转移。

如今 PC 端的竞争已经进入白热化，针对 PC 端的 SEM 转化手段已经到了极致，整体流量在下降，转化成本也越来越高。而移动端的搜索推广却因为 5G 而迎来了新的机遇。总体来说，移动搜索推广还有很大的上升空间，访客基数会越来越大，流量也会持续增加。对于企业来说，针对移动端的 SEM 推广是大势所趋，更是一种挑战。

相比 PC 端，在账户结构搭建、数据监控、创意撰写、页面搭建、转化技巧等方面，移动端的 SEM 还是有自己的特性的，如图 13-1 所示。

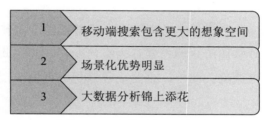

图 13-1　移动端 SEM 的特性

1. 移动端搜索包含更大的想象空间

在 5G 时代，SEM 不再只局限在 PC 端。由于企业可以和用户随时随地互动，因此，在更广阔的时空内，企业有更多 SEM 的机会。比如当用户想要某项服务时，只要在搜索引擎导航区内输入搜索词，企业的产品即可展现，直达用户需求点。无论何时何地，SEM 都可以配合线上线下进行。从实体门店到虚拟商城，从线下的楼梯广告到线上的短视频，SEM 有了更大的扩展范围，当然也包含更大的想象空间。

2. 场景化优势明显

移动端的 SEM 更注重与用户的场景化对接，例如：用户在地铁上打开智能手机，连上 5G 网络，在百度搜索栏输入"北京大兴区 火锅"，屏幕上即出现相应的搜索结果，其中排在第一名的就是某火锅店。火锅店可以在这种场景化搜索中实现 SEM，将自己推广出去。

3. 大数据分析锦上添花

移动端的 SEM 显然离不开大数据分析。通过大数据分析与指导，移动端的 SEM 与广告投放会更加精准。这种大数据分析不单单是对数据的整理与推算，更是对用户行为的有效预知。而这也要求企业必须具备数据逻辑思维。也就是说，企业需要以大数据的思维获得指导性意见，从数据中看出问题，找到答案。

移动端的推广趋势与特性是企业深刻理解 SEM 的支点。通过这个支点，企业可以看到移动端搜索的前景与特点，按照大趋势发展才有可能越来越强大。

13.3.2　时刻关注搜索词语报告

在 5G 时代，企业应该时刻关注搜索词语报告，尤其是用户的搜索词报告，以便及时掌握用户的搜索行为有何变化，并在此基础上对产品的关键词及时做出调整。此外，企业还应该积极将新的搜索词语添加到网页的内容中。

（1）在网页的内容中使用更多个人化、口语化的词语，以此来匹配用户的搜索需求。

（2）在设计和布局方面，企业要更加适应个人化、口语化的内容和浏览体验。

（3）广告创意和产品介绍可以适当口语化。

企业要做好 5G 时代的 SEM，就必须及时了解广告位、广告形式的变化，跟随媒体的脚步，因为媒体总会开发越来越多的流量销售方式。当然，核心还是要满足用户的搜索需求，毕竟无论技术如何进步，搜索需求永远不会消失。

未来，用户在搜索时很有可能不需要文字、图片、语音，而只需要视频或者脑海中的景象。不过，只要搜索需求还存在，就会有 SEM 和流量。

13.3.3　重新排列关键词匹配方式

在进行 SEM 的过程中，关键词匹配是非常重要的环节。主流的关键词匹配方式有三种：短语匹配、精确匹配、广泛匹配。一般来说，使用的关键词匹配方式不同，广告在搜索结果中的展现概率也不同，进而影响点击率和转化率。因此，关键词匹配方式是企业需要关注的重要问题。

（1）短语匹配可以分为三类：短语—精确包含、短语—同义包含、短语—核心包含，这三类各有千秋，需要企业根据自身情况进行选择。

（2）精确匹配是搜索词语与关键词完全一致时，广告才有展现机会，其有自身的优势，例如为企业对接需求最直接的用户、转化率比较高等。

（3）广泛匹配是只要搜索引擎系统判断搜索词语与关键词相关，就有可能触发广告的展现。但是与短语匹配和精确匹配相比，广泛匹配的转化率可能会比较低。

在效果上，以上三种关键词匹配方式的排列顺序应该是广泛匹配＜短语匹配＜精准匹配。所以为了吸引更多的用户，获得更丰厚的盈利，在进行 SEM 时，企业往往只关注精准匹配，而忽略了广泛匹配和短语匹配，而 5G 则打破了这样的局面。

5G 使搜索引擎的分析能力和识别能力变得更强，同时，SEM 开始由 PC 端向移动端转换。这也就意味着，对于用户来说，搜索行为比之前更简单，可以随时随地进行。例如某用户想购买电脑，那么他可以直接在乘坐地铁时搜索相关资料，并从搜索引擎的推荐中选出一款电脑进行购买。

也正是因为这样，用户有更多的碎片时间去浏览更多的广告。再加上搜索引擎的进一步优化，即使搜索词语与关键词并不是百分之百相似的，用户也还是可能看到企业的广告，从而使企业获得转化和盈利。

在 5G 时代，企业不能只关注精准匹配，而应该做到雨露均沾，这样才可以保证不放过任何一个潜在的用户。总而言之，关键词匹配方式在很大程度上影响甚至决定着广告的转化和营销的效果。企业只有关注所有的关键词匹配方式，并以合理的关键词匹配方式来构建关键词组合，才能最大限度地让用户看到推广结果。